国家卫生健康委员会"十四五"规划教材

全国中等卫生职业教育教材

供中等卫生职业教育各专业用

职业生涯规划

第3版

主　编　郭宏宇

副主编　王济发

编　者　(以姓氏笔画为序)

王济发（郑州市卫生学校）

许　众（吉林卫生学校）

何　静（甘肃省卫生职业学院）

陈春花（昆明卫生职业学院）

郭宏宇（吉林卫生学校）

曹　瑾（云南省临沧卫生学校）

曾凡伟（江西省赣州卫生学校）

编写秘书　汪　冰（吉林卫生学校）

人民卫生出版社

·北　京·

图书在版编目（CIP）数据

职业生涯规划 / 郭宏宇主编 . —3 版 . —北京：
人民卫生出版社，2022.12
ISBN 978-7-117-34362-6

Ⅰ.①职… Ⅱ.①郭… Ⅲ.①职业选择 —中等专业学
校 —教材 Ⅳ.①G717.38

中国版本图书馆 CIP 数据核字（2022）第 250422 号

| 人卫智网 | www.ipmph.com | 医学教育、学术、考试、健康，购书智慧智能综合服务平台 |
| 人卫官网 | www.pmph.com | 人卫官方资讯发布平台 |

职业生涯规划
Zhiye Shengya Guihua
第 3 版

主　　编：郭宏宇
出版发行：人民卫生出版社（中继线 010-59780011）
地　　址：北京市朝阳区潘家园南里 19 号
邮　　编：100021
E - mail：pmph @ pmph.com
购书热线：010-59787592　010-59787584　010-65264830
印　　刷：三河市延风印装有限公司
经　　销：新华书店
开　　本：850×1168　1/16　印张：7
字　　数：149 千字
版　　次：2008 年 1 月第 1 版　　2022 年 12 月第 3 版
印　　次：2022 年 12 月第 1 次印刷
标准书号：ISBN 978-7-117-34362-6
定　　价：36.00 元
打击盗版举报电话：010-59787491　E-mail：WQ @ pmph.com
质量问题联系电话：010-59787234　E-mail：zhiliang @ pmph.com
数字融合服务电话：4001118166　E-mail：zengzhi @ pmph.com

出版说明

为服务卫生健康事业高质量发展,满足高素质技术技能人才的培养需求,人民卫生出版社在教育部、国家卫生健康委员会的领导和支持下,按照新修订的《中华人民共和国职业教育法》实施要求,紧紧围绕落实立德树人根本任务,启动了全国中等卫生职业教育第四轮规划教材修订工作。

第四轮修订坚持以习近平新时代中国特色社会主义思想为指导,全面落实《习近平新时代中国特色社会主义思想进课程教材指南》《"党的领导"相关内容进大中小学课程教材指南》等要求,突出育人宗旨、就业导向,强调德技并修、知行合一,注重中高衔接、立体建设。

第四轮教材按照《儿童青少年学习用品近视防控卫生要求》(GB 40070—2021)进行整体设计,纸张、印制质量以及正文用字、行空等均达到要求,更有利于学生用眼卫生和健康学习。

第四轮修订编写工作于 2022 年启动,各教材章节保持基本不变,人民卫生出版社依照最新学术出版规范,对部分科技名词、表格形式、参考文献著录格式等进行了修正,并根据调研意见进行了其他修改完善。

2022 年 9 月

第 2 版前言

本教材是根据《国务院关于加快发展现代职业教育的决定》和教育部国家规划教材出版要求,积极落实教育部《中等职业学校专业教学标准(试行)》,在 2008 年出版的全国中等卫生职业教育卫生部"十一五"规划教材基础上,编写而成。

职业生涯规划在来自全国各地的编委广泛吸取德育教师在相关教材使用和教学中的宝贵经验的基础上,结合培养适合农村基层医疗机构的、实践能力较强的医疗、预防、保健、康复相结合的实用型专业技术人才的要求编写的。

职业生涯规划作为一门德育必修课使用教材,依据党的教育方针,以素质教育为基础,以立德树人为本位,以就业为导向,突出教育内容的实用性,将职业意识、职业理想与职业生涯规划教育有机结合,为学生人生发展服务,引导卫生技术类职业学校学生自觉提升职业素养,确立职业生涯目标、选择职业生涯角色、开展职业生涯规划、寻求最佳职业生涯发展途径,培养职业精神,为就业创业做好准备,"让每个人都有人生出彩的机会"。

本教材从启发学生关注自身职业生涯可持续发展切入,引导学生了解、热爱所学专业,关注所学专业对应职业群和行业发展,把职业意识、职业能力、职业理想寓于学习和生活事件中,体现了德育"贴近实际、贴近生活、贴近未成年人"的原则,使受教育者在体验和感悟中逐步形成学习能力、规划能力、职业能力,集开放性、实验性和体验性于一体,体现"知行合一",尽可能贴近卫生类职业学生,突出了"贴近社会、贴近职业、贴近中职学生"的德育特点,使德育内容可读、可近、可悟、可用。

本教材每章前设学习目标,分掌握、熟悉、了解三级要求;设置有案例和分析讨论,旨在让学生学会分析、学会表达;每章后有复习与思考,方便学生预习、复习和巩固。

本教材编写过程中得到各编委所在单位的大力支持,在此一并表示感谢。本教材修订以上一版教材为参考,同时借鉴和参考了一些专家、学者的著作和研究成果,参考文献中已经尽量列出,若有疏漏,还望海涵。由于编者水平有限,编写时间仓促,定会有缺点和不妥之处,敬请广大师生和读者提出宝贵意见。

郭宏宇

2022 年 6 月

目　录

第一章　职业生涯规划概述　1

第一节　职业与职业意识　1
一、职业与卫生职业　2
二、职业意识　6
第二节　职业生涯规划概述　7
一、职业生涯规划　7
二、职业生涯规划初探　10
三、职业生涯规划的意义　12

第二章　职业理想与职业生涯规划　15

第一节　职业理想与职业道德修养　15
一、职业理想　15
二、职业道德规范与职业道德修养　18
三、职业理想与现实的关系　23
第二节　中职学生职业生涯规划要面向未来　24
一、职业生涯规划与职业理想的实现　24
二、培育职业精神　26

第三章　职业能力与职业生涯规划　30

第一节　能力与职业能力　30
一、能力概述　30
二、职业能力　31

三、职业能力的基本要求　32
第二节　提高职业能力的方法　33
一、在学校、职业实践、生活实践中提高能力　34
二、提高沟通能力　37
三、加强团队精神的培养　37
四、提高时间管理的能力　37
第三节　中职学生个人职业能力与职业的选择　38
一、不同职业对人的职业能力要求不同　38
二、个人职业能力与职业的选择　40

第四章　职业生涯规划的基本方法　45

第一节　确立职业生涯目标　45
一、自我评估　46
二、职业环境评估　47
三、职业目标定位　49
四、确立职业生涯路线　50
五、确立职业生涯目标遵循的原则　52
第二节　制定计划与实施行动　53
一、分解职业生涯目标　54
二、制定职业生涯计划　54
三、实施行动策略　56
四、职业生涯评估与调整　60

第五章 职业生涯发展与创业就业 64

第一节 中职学生创业就业准备 64
一、做好求职准备 65
二、创业分析与准备 69
三、确定创业生涯发展目标和成功
标准 72

第二节 求职程序与技巧 74
一、了解求职程序 74
二、掌握面试技巧 74
三、医学生择业就业的权益保障 78
四、提高毕业生就业侵权的防范意识 82

第六章 体验活动 85

体验1 职业生涯规划概述体验活动 85

体验2 职业理想与职业生涯规划体验
活动 86
体验3 职业生涯规划的基本方法体验
活动（一） 88
体验4 职业生涯规划的基本方法体验
活动（二） 92
体验5 职业生涯发展与创业就业体验
活动 96

附录 97

教学大纲（参考） 97
参考文献 102

第一章 | 职业生涯规划概述

01章 数字资源

学习目标

1. 掌握：职业、职业意识和职业生涯规划的内涵。
2. 熟悉：树立职业意识的方法。
3. 了解：职业生涯规划的意义。

从稚气未脱的初中来到略显成熟的职业学校就读，"职业"这两个字一下子变得跟我们息息相关，择业、就业、招聘、工作……这些字眼也经常出现在我们的生活中。面对人生路上的新起点，作为职业学校学生，一名准"职业人"，你准备好了吗？

第一节 职业与职业意识

 案例

中考成绩公布后，璐璐的爸爸神色凝重，妈妈在亲戚朋友的问询中总说着同样的话"要是再高6分就好了"。原来璐璐的中考成绩距普通高中分数线差6分。"我究竟该怎么办？上不了高中我的人生会怎么样？"璐璐对于自己的未来陷入了迷茫。当接到卫校的录取通知书时，璐璐还是很迷惘。她知道自己初中时的师姐就在卫校学习，说将来要去医院检验科工作，但自己能不能行，璐璐还是有些怀疑。

到卫校报到后，璐璐的脑海里总也挥不去那些上了高中的同学的身影，面对卫校老师说的"卫校是职业学校，同学们三年后就要走上工作岗位"的话还是懵懵懂懂。对于职业和人生，对于即将开始的三年学习和生活，璐璐还是不知该怎么办。

请问：1. 同学们，你有过跟璐璐一样的困惑么？

2. 对于职业和职业生涯规划，你是怎么理解的呢？

中等职业学校学生正处在学习知识技能、丰富自己的最佳时期。掌握职业和职业生涯规划的含义，了解职业生涯规划的目的和重要性，有助于同学们在学习阶段为走向社会，走上工作岗位做准备。

一、职业与卫生职业

（一）职业的含义

职业，是指一个人所从事的具体工作的种类。职业不仅是个人理想的实现，也是个人物质需求和精神需求的双重满足。职业建立在一技之长的基础之上，是具有专门技能的工作。它要具备两个必要条件，一是稳定，二是收入合法。如出租车司机这个职业，有固定的运营时间，还有合法的运营许可和从业资格证，通过载客获得合法的收入维持生活。职业体现人们的经济状况、文化水平、行为模式、生活方式、社会影响力、社会价值等多个方面，是一个人的权利、义务、职责等的体现。不同的职业意味着不同的发展机会和空间，决定了不同的生活方式。

职业不是一成不变的。随着经济社会的不断发展，国家的社会职业构成也发生了很大变化，社会分工逐渐细化、专业化，淘汰了一些职业的同时也出现了如"网络与信息安全管理员""快递员"等新兴职业。一般来说，职业包含四层意思：一是合法的，得到社会的承认；二是有稳定的工作，即有事可做，承担了一定的职责，并有时间要求，为全天活动的四分之一、三分之一不等；三是有相对固定的报酬，即获得工作或其他形式的经济收入；四是社会劳动的一种方式即不同分工。

（二）职业的功能与特征

1. 职业的功能　每个具备劳动能力的人，在人生道路上都要经历几十年的职业生涯，其功能主要表现在三个方面：

（1）职业是个人安身立业的前提：人类社会的存在、发展都是基于劳动而创造实现的，没有每个人的劳动创造，也就没有人类社会今天的进步与发达。人们通过参加社会一定职业岗位的劳动，换取一定的报酬来作为生活的来源，满足生活的需要，并逐渐积累个人财富。目前，我国实行"按劳分配"为主的原则，依据劳动者参加职业劳动的质量和数量，以决定其收入的高低。可见，职业是关系着每个社会成员一生的重大问题，是人的第二生命。一个人不从事某种职业，就无法生存，更谈不上"成家立业"。

（2）职业是人们对社会做贡献的岗位：人们的职业劳动不仅是个人谋生的手段，同时也是在为社会尽义务。我们知道，社会是个整体，人与人之间的相互依存，需要用自己的劳动成果与他人的劳动成果交换，因而，在满足自己的同时，也满足了其他社会成员的需要。从事一定的职业起到了为他人服务、为社会尽自己义务的作用。

（3）职业是维持社会稳定的重要条件：职业是社会分工的具体体现，人们在劳动中既分工又合作，创造物质财富，推动经济与社会发展，职业满足了各种从业者的愿望，保障了人们的"安居乐业",从而对社会的和谐稳定起到了十分重要的巩固作用。

2. 职业的特征

(1) 职业的时代性：随着社会的发展变化，职业也在不断地翻新变更。有些职业已经消失，如拷贝字幕员、铅字排版工、机械打字员、乡镇接生婆；有些职业被时代赋予新的社会内容。与此同时，一批批新的职业正在诞生，在我国职业分类大典公布后的七八年间又发布了多批新职业，共计100多个。2015年7月29日，国家颁布了新修订的2015版《中华人民共和国职业分类大典》，相比第1版就新增了347个职业，取消了894个职业。可见，职业是随着时代的变化而变化。

(2) 职业的多样性：随着科技发展和技术的进步，分工的细化，经济结构的变动，职业种类也越来越多，职业的差异也越来越大，呈现出多样化特点。古人所说的"三十六行"，发展到今天，已经衍生出几千乃至上万种。在全球新一轮科技革命和产业变革中，在我国加快推进新型工业化、信息化、城镇化和农业现代化的过程中，许多领域的职业技术正在发生并且将继续发生变化，随之会产生许多新职业。

(3) 职业的专业性：在社会生活中我们很容易看出，有人要从事某种职业，尤其是医疗卫生类专业，必须经过较长时间的专业学习或技术培训，需要具备特殊的知识和技术。20世纪50年代以来，科学技术的广泛应用，职业的技术含量逐渐增强，使得人们在从事某种职业之前，必须经过一定时间对一特定职业进行专业学习，并进行专门的技术技能训练，否则，就无法适应工作。这也是职业教育蓬勃兴起和广泛发展的根本原因，更是同学们进入职业学校接受职业教育的重要因素。

职业除了具有上述特征之外，还有社会性、经济性、层次性、差异性、稳定性等特征。

(三) 职业资格与卫生职业准入制度

1. 职业资格的含义　职业资格是对准备从事某一职业的劳动者必备的学识、技术和能力的基本要求，职业资格包括从业资格和执业资格。

从业资格是指从事某一专业的学识、技术和能力的起点标准，如目前劳动保障部门和人事部门推行的职业技能(资格)鉴定大都属于这一类。

执业资格是政府对某些责任较大、社会通用性强、关系社会公共利益的职业的准入要求，是依法独立开业或者从事某一特定专业学识、技术和能力的必备标准。它是一种行业准入的强制性规定，没有取得相关的执业资格证书就不能合法的从事该项职业。例如目前应用较广的会计上岗证、律师执业资格证书等都属于这个范畴。

执业资格通过考试方法取得，考试由国家定期举行，实行全国统一大纲、统一命题、统一组织、统一时间。

2. 职业资格与执业资格的区别　一般来说，职业资格是劳动部门发放证书，是国家推行就业准入制度的证书，所有行业都必须持证上岗；执业资格是人事部门发放证书，是某特殊行业从业的资质证明。

职业资格主要是基础性的岗位技能工种，如国家民政部职业技能鉴定指导中心组织的老年护理员考试；执业资格主要是关键领域、中、高层的管理岗位，如国家人力资源和社会保障部、国家卫生和计划生育委员会组织的护士执业资格考试。国家民政部发放的证书是工种技能证书；国家人力资源和社会保障部、国家卫生和计划生育委员会发放的证书是专业资格证书。

3. 职业资格证书与职业资格证书制度

（1）职业资格证书：职业资格证书是由政府认定的考核鉴定机构，按照国家规定的职业技能标准或任职资格条件，通过学历认定、资格考试、专家评定、职业技能鉴定等对达到职业资格规定必备的学识、技术和能力的劳动者进行客观公正、科学规范的评价和鉴定，表明其具备某种职业所需的专门知识和技能证明。职业资格证书是求职任职、独立开业和用人单位录用的主要依据。中共中央关于教育体制改革的决定中明确指出："一切从业人员，首先是专业性技术性较强的行业从业人员，都要像汽车司机考试合格后取得驾驶证才允许开车那样，必须取得合格证书才能从事工作岗位。"可见，在现代社会里，你要工作就要按照标准考取职业资格证书。

要获得职业资格证书必须经过考试、考核。职业资格考试一般分为考试和面试。

（2）职业资格证书制度：职业资格证书制度是对劳动者取得什么证书、怎样取得证书、取得证书后的作用及继续教育等一系列问题所作规定而形成的制度。

职业资格证书制度由从业资格证书制度与执业资格证书制度组成。

从业资格证书制度是国家对达到从业资格的劳动者发给的证明。从业资格通过学历认定或考试取得，由各地人事部门会同当地业务主管部门确认。

执业资格是政府对某些责任较大，社会通用性强，关系公共利益的重要专业技术岗位采取的一种管理措施，通过全国统一考试取得证书，注册有效和政府监管。凡具备相关专业规定的学历和达到一定实践工作年限的专业技术人员都可以报考。证书由国家人力资源和社会保障部及国务院有关主管部门共同验印，一次注册若干年有效。取得职业资格证书并经过规定机构注册的登记者，可以依法独立执业。

（3）职业资格证书与学历证书的关系：职业资格证书是一个人能否胜任某一职业的证明，由劳动、人事部门或由其委托的部门颁发。学历证书是一个人接受教育的年限、所具有的文化程度及学业程度的证明，是由教育部门颁发给学生的，也称毕业证书或文凭。总的来说，学历证书是职业资格证书的前提条件，资格证书是对学历证书的进一步确认和学历所蕴含的知识和技能的认定。

我国实行学历文凭和职业资格两种证书制度。《劳动法》规定："国家确定职业分类，对规定的职业制定职业技能标准，实行职业资格证书制度"。而不同职业对学历有不同的要求，获得职业资格的起点学历，至少是初中学历，有的地区规定，小学教师必须具备大专或大专以上学历，中学教师必须具备本科或本科以上学历。随着职业资格证书制度的实行，更多的职业院校在完成正常教学计划的同时，又进行相关的职业资格证书的考试、考核，鼓励学生一专多能，以增强学生的就业和创业竞争能力。

（4）职业资格证书对劳动者的作用：首先，职业资格证书是求职就业的必备条件。在人才市场上，各类职业资格证书是证明人们具备这些条件的有效证件。

其次，职业资格证书是胜任岗位职责的标志，在人才市场上是否能胜任某一岗位职责，职业资格证书是最有力的证明。

再次，职业资格证书是增强职业竞争能力的手段。目前，"双向选择、竞争上岗"已成为就业的趋势，在职业选择中有多个职业资格证书，选择职业时就会有竞争力，范围也更广泛。比如，如果有文秘专业的毕业证书，还有秘书等级证书、计算机等级证书，以及外语水平等级证书，那就可以到许多单位甚至涉外单位竞争就业。可想而知，拥有多种职业资格证书，不仅能提高选择的多样性，而且有利于提高就业后的职业转换。

4. 卫生职业准入制度　卫生职业准入制度就是根据我国职业资格证书制度的要求，依据《职业教育法》《劳动法》《护士管理办法》《执业医师法》的规定，对从事技术复杂、通用性广、涉及国家财产人民生命安全的卫生类劳动者，要求必须经过培训并取得职业资格证书后方可上岗的就业制度。目前，我国已经对一部分卫生职业实施了职业准入制度。如医疗救护人员、健康管理员、中药调剂员、保健按摩师、医药商品购销员、中药购销员。另外，护士必须获得护士执业资格，医生要获得执业助理医师资格和执业医师资格、药学人员要获得执业药师资格等。

随着经济的发展对劳动者的要求越来越高也越来越具体、明确，只有毕业文凭并不一定能顺利在某个岗位上就业。因此，同学们应该在学好基础知识获得学历文凭的同时，根据自己的兴趣和就业需要，努力考取相关职业资格证书，只有这样才能增强自己在日益激烈的人才市场中的就业竞争实力，才能全面拓宽自己的就业渠道。

（四）卫生职业的职业群

专业与职业既有联系又有区别。专业为职业服务，一个专业可以对应一个职业岗位群，这种类型适合于确定专业方向再确定职业的情形；多个专业也可以对应一种职业，如影像、药剂、检验、护理等专业都可以从事医药企业的营销工作，这种类型也适合于先确定职业目标后确定专业方向的情形。

1. 职业群　职业群一般是由基本操作技能相通、工作内容相近、社会作用相当以及从业者应该具备的素质接近的若干个职业所构成的职业集合体。可以从不同的方面划分职业岗位群，横向划分是相同的职业存在于不同的产业或行业之中，如计算机专业所对应的职业群则广泛分布于国民经济的各个产业和行业之中；纵向划分是同一职业存在于同一行业若干个不同的岗位及其可能晋升的职务上。如保安专业所对应的职业群有：押送业务保安、巡逻业务保安、守护业务保安、消防业务保安等等。可见某个专业的学生其就业岗位不是单一的一一对应关系，即一个专业不是对应一个工作岗位，而是对应一个职业岗位群，即一个专业毕业的学生可以在不同行业适合多个工作岗位。护理专业的毕业生不仅仅是在医院从事护士工作，其他与健康相关的行业岗位也都适合其就业。

2. 卫生职业的职业群　卫生职业群是医药卫生保健机构相关专业的岗位集合。不同的专业有其具体的职业岗位群。如检验专业毕业生就业岗位群有：医疗机构(含综合医院、专科医院、中医医院、个体诊所、乡镇卫生院、社区卫生服务中心〈站〉、乡村卫生所)、母婴保健机构、疾病预防与控制机构、采供血机构、卫生检疫机构、医疗事故鉴定机构、法院医学鉴定机构、基因鉴定机构、海关等岗位；营养与保健专业毕业生就业岗位群有：机关、企事业单位、医院、学校、幼儿园、酒店、宾馆、饭店、快餐、专业运动队、美容院、健身房、高收入家庭等的专职营养师、营养咨询设计、营养配餐设计、营养食品研发机构等岗位。

另外，口腔、影像、康复、美容等专业都有相应的职业岗位群。卫生职业学校在制订专业教学计划时，都要明确该专业毕业生的就业方向，学生也应该了解自己所学专业的职业岗位群。

二、职业意识

(一) 职业意识的含义

职业意识是从业者在一定的社会环境下和职业氛围中所形成的职业认识和与从业相关的思想和行为表现，是从业者在从事职业过程中形成的职业道德、职业能力、职业素养、职业信念、职业发展等思想观念，是一切职业行为的思想基础。职业意识是从业人员的根本素质，是一个社会职业者必备的条件。

职业意识包括人们对职业的一般性认识、对职业的未来期许、从事职业的价值取向、从事职业过程中的自我要求等内容，是人们对社会关系和自我有一定认识的基础上形成的职业观。

人们从幼年阶段就对某种特定的职业产生憧憬，并由此产生了最初较为模糊的职业观念，它只是在某些特定情境下清晰，大多数时间这种模糊观念都被其他事件所干扰和抑制。我国教育的特点是学校、家长和学生都很重视考试、升学，忽视了职业意识培养，大多数学生的职业意识不强。简单说，职业意识就是在职业岗位上一个人知道自己该干什么和怎么干。中等职业学校学生正值人生的黄金阶段，对他们来说，职业意识就是把自己对人生未来的美好设想和事业前途的不断追求寄托在具体职业上，并以此作为学习的主要目的。有职业理想的学生会不断告诫自己，努力学习，提升技能，掌握本领，将来做一名优秀的医生、护士并按照相应的标准严格规范和约束自己。

(二) 树立职业意识

1. 转变观念，培养职业精神　职业学校的学生踏入校门后，告别了以往注重文化课和分数至上的学习模式，要学习和培养与专业相关的实践技能。在职业学校，学生不仅要继续学习文化课，更重要的是强调提高动手能力，掌握操作技能，培养综合素质。因此，职业学校学生从进校门的第一天起，就要转变观念，注重培养职业精神。

2. 提高社会实践能力　职业意识的培养离不开较高的社会实践能力。通过亲自参加社会实践,同学们可以了解社会,得到关于职业的具体认知,使自己的心理承受能力、人际交往能力、适应能力和创造创新能力得到锻炼,为最终实现职业目标做出相应的努力和准备。

3. 准确定位　只有对自己有了正确的认识,才能树立科学而又正确的职业意识。职业学校学生要从自身实际出发去培养职业意识,不要好高骛远,摒除不切实际的想法,坚信适合自己的就是最好的,集中自身优势,真正成为自己未来的主宰。

4. 行动起来,告别拖延症　在求学或是漫长的职业生涯中,只有职业意识没有职业行动是不行的。有的人分析透彻、目标明确、计划周详,但工作拖拉、行动迟缓,最后的工作效果差之千里;在职场上,有的人知识储备很多,表达能力很强,可是因为欠缺行动能力,就是做不出出色的工作成绩。所以,职校学生尤其要注意,在培养职业意识的同时,珍惜时间,积极行动,使自己在职场生涯中少走弯路。

第二节　职业生涯规划概述

一、职业生涯规划

(一)职业生涯的概念

在日常生活中,说起职业,我们很多时候会用到"生涯"这个词,比如教师生涯、军旅生涯、从医生涯等等。职业生涯就是一个人的职业经历,它是一个人一生中从接受职业培训开始到职业劳动终结所经历的行为过程。它包括多方面的内容:一方面,它是一个人一生中职业、职位、承担的角色的变迁过程,是一个漫长的发展过程;另一方面,它是一个人的职业观、价值观、愿望和成就感的不断完善和实现的过程;第三方面,它与个人的主观感受相关联,它可以与财富、地位相关联,可以与幸福、成功相关联,还可以与快乐、享受相关联。

过去比较传统的职业生涯观念是一个人一生中只从事某一种职业(如护士、教师、记者等),在这个终身职业中持续而稳定地取得晋升和发展。它是按照该职业所特有的发展阶梯连续不断地向上攀登的发展过程。现在,越来越多的人开始突破传统模式,在有意无意中接受并实践着多变性的职业生涯理念。多变性职业生涯是指由于个人的兴趣、能力、价值观及工作环境的变化等主客观原因,经常发生改变,一生中经历多个工作岗位、职业、行业的职业生涯。人们在这种不断的改变中尝试、寻找更适合自己的工作领域和工作机会,有的人一生中都在变换不同的职业甚至是行业。作为职业学校的学生,我们要全面提高综合素质,学会应对,为在激烈的就业竞争中适应多个不同职业做好充分准备。

(二)职业生涯规划的概念

职业生涯规划就是规划从开始工作到退休的整个职业历程,是指在客观分析自己的兴趣、爱好、能力、价值观、职业素质等条件的基础上，进行分析、总结，确定最佳的职业奋斗目标，并为实现这一目标做出行之有效的安排。每个人要想使自己的一生过得充实而有意义，就必须有自己的职业生涯规划。对于中等职业学校学生而言，正处在个人职业生涯的探索阶段。中职学生的职业生涯规划是指踏入职业学校大门的学生对自己的职业志向进行计划、准备、尝试的过程。正确、合理地规划自己的职业生涯，是中职学生探索自己终身职业志向的第一步，也是树立职业观、人生观和价值观的开端。中职学生职业生涯规划不仅表现在学生对自己有了充分的认识和明确的阶段性职业目标，还表现在有具体的行动方案，一步一个脚印，踏踏实实地朝前走，这样就保证了学生职业发展的有效性。而长远目标的确定，也使学生不会急功近利地为一些眼前的利益而盲目跟风，而是有条不紊地按自己的规划发展自己，这样就保证了学生职业发展的可持续性，这样的发展也是每个学生个性化的发展，是走具有自己特色的职业发展之路。职场上有句名言："在职业生涯发展的道路上，重要的不是你现在所处的位置，而是迈出下一步的方向。"

 职场加油站

审视自我

确立目标

成就人生

（三）职业生涯规划的类型

职业生涯规划按照时间的长短来分类，可分为人生规划、长期职业规划、中期职业规划与短期职业规划四种类型（表 1-1）。

表 1-1　职业生涯规划按照时间的长短分类

规划名称	时间长度	规划内容	特点
人生规划	10 年以上	是整个职业生涯的规划，从求学阶段的学业规划到退休之后的生活规划	设定人生发展目标，时间长，有不可预见性
长期职业规划	5~10 年	是经验较为丰富、才能得到充分施展的阶段，为未来的职业发展设定发展目标	是职业生涯的关键期，可以预见可能的晋升和进步
中期职业规划	2~5 年	要设立具体的实施目标和措施	具有可预见性，便于执行
短期职业规划	2 年以内	是确定近期目标，规划近期完成的任务	具有比较强的可预见性

在设计职业生涯规划时,每个人采用的方法不尽相同。有学者将职业生涯规划类型分为以下三类:

1. 依赖型 指依赖父母、朋友、老师,或遵从书本与社会舆论做出来的职业生涯规划。

2. 直觉型 是凭自己的直觉和一时的喜好做出职业生涯规划的。

3. 理性型 是综合考虑个人与职场等因素,分析利弊得失,做出并执行相应的职业生涯规划。

大部分职场成功人士的职业生涯规划都是理性型的,他们会及时关注职业信息,充分了解自我,制定合适的目标,并为目标而不断努力。这三种类型各有利弊。依赖型最省时省力,但是将自己的命运托付给他人,终究是一件危险的事情;直觉型短期内会很满足,可是长期来看随机性太强,会存在较大风险;理性型考虑周全,但是会花费较多的时间与精力。不过,这会带来事业上的成功。

同学们,你想追求事业的成功,你想在职业生涯中少一点烦恼,多一点快乐,建议你还是多花点时间与精力,多做些思考,充分了解自我,制定合适的目标,并为实现目标而努力。

(四)影响职业生涯规划的因素

影响职业生涯规划的因素有很多,如个人因素、家庭因素、教育因素等。

1. 个人因素 包括个性特征、职业兴趣、性别等。

(1)个性特征:不同个性特征的人适合不同类别的工作。例如,性格外向的人比较适合做管理人员、导游、营销人员,而不适合做过细的、单调的、重复的工作。如果做与自己个性特征不相吻合的工作,就会觉得自己的活力被束缚、思想被禁锢。

(2)职业兴趣:职业兴趣是指与职业选择有关的兴趣,不同职业兴趣的人应该选择不同职业。例如,喜欢做具体工作的人可选择做康复、美容、护理等职业,喜欢抽象和创造性的工作的人可选择做策划、实验员、社会调查等职业。

(3)性别:性别因素在职业发展中扮演着重要角色。有些职业带有明显的性别特点,如护士、幼儿教师女性居多,火车司机、快递员男性偏多。中职学生在职业选择时不可忽视性别的差异。

2. 家庭因素 家庭对职业学校学生的职业生涯规划具有重要影响。父母的职业决定孩子的成长环境,"子承父业"的职业选择屡见不鲜。父母的受教育程度、价值观、人生观和家庭教育方式都转化为孩子的价值标准和职业观。家庭经济条件关系到子女职业能力和学习能力的训练和提高,父母对子女成功成才的不同期望会影响子女对职业的选择。

3. 教育因素 中职学生在学校都经过了较为系统的技能训练,具有较强的操作技能,这是职业学校学生的优势,也是职校学生进行职业生涯规划的主要依据。用人单位一般会首先选择操作技能熟练的学生,职校学生进行择业也主要依靠自己的技能操作专长。

李瑾来自县城,她在进入卫校大门的时候,就想过自己三年后的出路。她觉得自己的性格挺外向的,不属于那种能静下心来做学问的,而且自己也想进入一家较好的三甲医院做护士。于是,三年的学习期间,她一步步坚定地朝着自己的目标努力。专业课程较认真地对待,保持平时的成绩在优秀之列,通过努力多次获得学校的护理技能大赛奖项。由于想进入三甲医院,李瑾考取了老年护理、母婴护理等合格证书。课余时间,她还积极参加班级、团委的一些活动,利用暑假期间找了两个诊所实习,积累了一些工作经验,更加了解了护理工作的操作流程和临床对于护理岗位的具体要求。最终她顺利地到上海的三甲医院实习,并作为优秀实习生被该医院破格录取。其实,她的成功并不意外,是她朝着目标脚踏实地努力的结果,也是她合理规划后意料中的结果。

二、职业生涯规划初探

(一) 客观认识自我、准确职业定位

职业生涯规划是一个动态过程,其最基础的工作首先是要知己,即要客观全面认清自我,充分了解自己的职业兴趣、能力结构、职业价值观、行为风格、自己的优势与劣势等。人才素质测评是全面、科学地认识自我的有效手段和工具。只有正确地认识自己,才能进行准确的职业定位并对自己的职业发展目标做出正确的选择,才能选定适合自己发展的职业生涯路线,才能对自己的职业生涯目标做出最佳选择。

在客观认识自我方面,我们至少需要了解以下五个方面:

喜欢干什么——职业兴趣

能够干什么——职业技能

适合干什么——个人特质

最看重什么——职业价值观

人、岗是否匹配——胜任力特征

(二) 评估职业机会、知己知彼

每一个人都处在一定的社会环境之中,离开了这个环境,便无法生存与成长。只有对这些环境因素充分了解,才能做到在复杂的环境中避害趋利,使你的职业生涯规划具有实际意义。

除了要正确客观地认识自我,还必须更多地了解各种职业机会,尤其是一些热门行业、热门职位对人才素质与能力的要求。深入地了解这些行业与职位的需求状况,结合自身特点评估外部职业机会,才能选择可以终身从事的理想职业。

对职业机会的评估需要理性评估,真正做到知己知彼,切忌想当然,对不熟悉的行业

和职位不切实际地向往,结果是费了九牛二虎之力进入,马上受到现实冲击迫不及待又要放弃,兜兜转转之间,年已蹉跎,空自消磨。

(三)择优选择职业目标和路径

职业生涯规划的核心是制定自己的职业目标和选择职业发展路径,通过前面两个步骤对自己的优势劣势有了清晰的判断,对外部环境和各行各业的发展趋势和人才素质要求有了客观的了解,在此基础上制定出符合实际的短期目标、中期目标与长期目标。

职业目标的选择正确与否,直接关系到人生事业的成功与失败。据统计:在选错职业目标的人当中,超过 80% 的人在事业上是失败者。由此可见,职业目标选择对人生事业发展是何等重要。正确的职业选择至少应考虑以下几点:

兴趣与职业的匹配

性格与职业的匹配

特长与职业的匹配

价值观与职业的匹配

内外环境与职业相适应

职业目标确定后,向哪一条路线发展,此时要做出选择:是向行政管理路线发展,还是向专业技术路线发展,是先走技术路线,再转向行政主管路线,还是一直走技术路线。在具体的岗位方面也需要做出选择——行政管理、市场营销、技术研发、服务支持,由于发展路线不同,对职业发展的要求也不相同。因此,在职业生涯规划中,必须做出最适合自己的抉择,以便使自己的学习、工作以及各种行动措施沿着你的职业生涯路线或预定的方向前进。

(四)终身学习、高效行动

在确定了职业生涯目标后,行动便成了关键的环节。没有达成目标的行动,目标就难以实现,也就谈不上事业的成功。这里所指的行动,是指落实目标的具体措施,主要包括工作、训练、教育、轮岗等方面的措施。例如:为达成职业目标,在工作方面,你计划采取什么措施,提高你的工作效率;在业务素质方面,你计划学习哪些知识、掌握哪些技能,提高你的业务能力;在潜能开发方面,采取什么措施开发你的潜能等等,都要有具体的计划与明确的措施,并且这些计划要特别具体,以便于定时检查。

对个人来说,未来唯一持久的竞争优势是比竞争对手学习的更快和更好。我们现在的时代是终身学习的时代,要取得事业上的成功,重要的是要不断更新知识、提升能力,才能保持自己的职业竞争力,逐步达到自己设定的职业目标。

(五)与时俱进、灵活调整

俗话说"计划赶不上变化"。是的,影响职业生涯规划与发展的因素诸多。有的变化因素是可以预测的,有的变化因素则难以预测。在这种情况下,要使职业生涯规划行之有效,就必须不断地对职业生涯规划进行评估与调整。其调整的内容包括:职业的重新选择、职业生涯路线的选择、人生目标的修正、实施措施与计划的变更等等。

职业发展过程中理想与现实的脱节几乎人人都会碰上,对职业人来说,有些是致命的,有些却能走通另一条路。发生这种情况时,最不可取的态度是急于求成,消极对待当前工作。正确的做法是——稳定中求发展。当然,事在人为,再优秀、再动人的职业生涯规划也取代不了个人的主观努力。职业生涯规划的目的是建立目标、树立信心,职业生涯规划只是走向成功的必要手段,能否成功则主要取决于个人的努力。

三、职业生涯规划的意义

"世界上没有垃圾,只有放错了地方的资源;世界上没有庸才,只有放错了位置的人才。"学生时代最需要职业生涯规划,也是进行职业生涯规划的最佳阶段。我们有必要为进入社会、选择职业做好方方面面的准备,规划好自己的人生,不要总认为未来是个未知数,日子永远过的浑浑噩噩,没有目标、没有追求,临近毕业才如梦初醒,自己已经蹉跎了大好光阴,美好的岁月一去不复返。职业学校学生正处于职业生涯的准备阶段,也是人生职业生涯起步的关键时期,经过几年专业知识的学习后,学生们需要找到一个适合自身发展的平台,如果事先不进行职业生涯规划,而是仓促就业,必然会造成时间上、精力上和财力上的损失,甚至有可能影响自己人生的发展。因此,职业生涯规划对于学生的职业发展具有较强的现实意义。

(一)有利于学生建立科学的择业观

一般来说,学生的第一份职业通常只是父母的意愿、学校的推荐、社会单方面需求的结果,与学生自身的条件(职业兴趣、职业能力)可能并不完全相符。而我们提倡的是科学择业,是求职者依照自己的职业期望和兴趣,凭借自身能力挑选职业,实现自身能力素质与职业需求的匹配和统一。

进行职业生涯规划可以帮助学生认清自己的优势和劣势,客观地看待自己,树立科学的择业观,保持良好的择业心态,明确自己的发展方向。避免不切实际的片面求高,选择适合自身特点的职业,并在自己的工作岗位上脚踏实地地工作,不断地积累经验、完善自我,寻求职业生涯的更好发展。在进行职业生涯规划前,学生必须对自己有一个客观的剖析,这是一个"知己"的过程,也是职业生涯规划的基础。但是许多学生在找工作时,往往缺乏这方面的认识,他们考虑的常常是用人单位的情况。比如单位所在的地点、工资待遇、单位的实力与名声等,对自身基本情况不做认真分析,不知道自己能做什么、适合做什么,结果在职场中屡屡碰壁,铩羽而归。提前做好职业生涯规划可以促使学生对自我进行认真而全面的了解和分析,对自己的个性特征、兴趣爱好、能力水平进行综合评价,而不能一味地盲目从众、盲目攀比。在充分认识自己在职业选择上的优势和不足的基础上,选择适合自己从事的职业领域,从而真正拥有具有自己特色的、合理的职业定位。

(二)有利于增强学生应对社会竞争的能力

中职学生正处在个体职业生涯的探索阶段,这个阶段是学生探索自己终身职业志向的第一步,也是学生确立职业观、人生观、价值观的开端。学生职业生涯规划的核心是了解、分析自己的个性倾向、兴趣爱好和专业素养,在对自己的过去、现在和未来做一次认真、客观的审视和评估的基础上,为自己描绘一个科学合理的职业蓝图,并为此制订出一个切实可行的行动计划,为实现自己的职业理想充实知识、训练技能、磨炼意志。在竞争日益激烈的今天,要在竞争中占领有利位置,就要找到一个适合于自己发展的平台。做好职业生涯规划,可以帮助我们运用科学的方法,采取可行的步骤与措施,有针对性地进行学习,参加多种培训和实践,充分发挥优势,努力克服缺点,挖掘潜在能力,不断增强我们的职业竞争能力,进而实现自己的职业目标与理想。

 职场加油站

广大青年一定要坚定理想信念。"功崇惟志,业广惟勤。"理想指引人生方向,信念决定事业的成败。没有理想信念,就会导致精神上"缺钙"。中国梦是全国各族人民的共同理想,也是青年一代应该牢固树立的远大理想。

——习近平

(三)有利于提高就业成功率

在对自身的职业素质有了清醒认识的基础上,个人职业生涯规划的下一步就是确定自己的职业奋斗目标。西方有一句谚语说得好:"如果你不知道你要到哪儿去,那通常你哪儿也去不了。"同样,一个不知道自己想干什么的人,通常什么也干不好。"有志之人立长志,无志之人常立志"。人的一生,因有无长远规划而不同。因此,学生的职业生涯规划越早开始越好,每个学生从踏入校门起就应当开始职业生涯规划,为自己的发展设定长远目标。与此同时,还要制定好中职教育生活中每学年的短期目标,让这三年过得充实而有意义。不仅要认真学好专业课,还要广泛涉足自己感兴趣的领域,拓展知识面,提高个人素质和竞争力。在实施计划的过程中还要注意根据影响自己职业生涯发展因素的变化,不断对自己的生涯规划进行评估与修订。明确了自己的职业奋斗目标,学生在毕业、就业的选择上就不会有太多的犹豫和彷徨,就会根据自己既定的目标,坚定地走自己的路。

在双向选择、自主择业的背景下,毕业生很看重各种形式的人才交流会,这也是他们走向社会、选择职业的主要渠道之一。而据统计,人才交流会对接成功率一般只有30%左右,造成这种现象的原因之一就是学生职业生涯规划的缺失,即学生职业目标相对模糊,对自我缺乏认知。进行科学的职业生涯规划,可以使学生明确目标,有的放矢,选择适合自己的职位,提高求职成功率。

(四)有利于稳定就业,增强发展后劲

由于缺乏职业生涯规划的指导,缺乏长远打算,不少学生年轻时只是随波逐流地换工作,能找着什么就干什么,到了30多岁还没有职业定位。像这样缺少规划地更换工作,一

方面很难在一个合适的领域内积累必要的工作经验,为今后的职业发展奠定坚实的基础;另一方面,频繁跳槽会影响自己职业的稳定发展。任何一个不具备应有的职业技能和经验,或者频繁跳槽的求职者都难以得到用人单位的青睐。

职业生涯规划是有计划、有目的的,通过职业生涯规划可以广泛了解社会,充分认识社会对不同专业、不同职业的需求,明确职业定向,定位适合自己又有市场需求的职业方向,并在学习和生活中不断推动角色转化,由一个职业学校学生从"学习者"向"职业人"转化。

本章小结

　　职业生涯规划概述是本书的第一章,它是本门课程的开篇,也是整个职业生涯规划的入门。职业是指一个人所从事的具体工作的种类。职业不仅是个人理想的实现,也是个人物质需求和精神需求的双重满足。职业学校学生要了解职业的概念,树立正确的职业意识,尽早开始职业生涯规划,为自己的人生发展做好充分准备。

　　在大力发展职业教育的今天,让职业学校学生知晓职业生涯规划的含义和开展职业生涯规划的重要意义,对帮助学生准确自身定位,唤醒学生个人职业生涯规划意识,让他们结合社会需求做好职业生涯规划,形成自发向上的动力非常重要。

❓ 复习与思考

一、名词解释
1. 职业
2. 职业意识
3. 职业生涯
4. 职业生涯规划

二、问答题
1. 职业生涯规划的类型有哪些?
2. 影响职业生涯规划的因素有哪些?
3. 职业生涯规划的意义有哪些?

(许　众)

第二章 | 职业理想与职业生涯规划

02 章 数字资源

学习目标

1. 掌握：职业理想、职业道德与职业道德修养和职业精神的概念、职业理想的作用。
2. 熟悉：医务人员职业道德规范的内容、职业理想与现实的关系、人生观的内容。
3. 了解：职业生涯规划与实现职业理想的关系、培育职业精神。

许多同学认为，上中职学校就是为就业，只要能就业，能找到工作就行，没有必要再谈职业理想了。其实不然，树立远大的职业理想是我们走向未来的基础，在任何情况下，每个人都应该有长远而切合实际的职业理想。对于职业院校学生来说，树立远大的职业理想是我们追求无悔青春的动力，培养良好的职业道德修养是我们成就事业的奠基石，而职业生涯规划则是我们实现职业理想的手段。

第一节 职业理想与职业道德修养

古往今来，即使在同样的条件下，有的人能在自己的岗位上成就一番事业，而有的人却只是碌碌无为。这其中的原因是多方面的，但最主要的原因在于是否树立了正确的职业理想，是否具有较高的职业道德修养和是否对职业生涯做了系统、认真的规划。

一、职业理想

（一）理想的含义

理想是人们在实践过程中形成的，有实现可能性的、对未来社会和自身发展的向往和追求。简单地说，就是人们从自身实际出发，遵循规律而产生的、经过努力可能实现的指向未来的向往。对现状永不满足、对未来不懈追求是理想形成的动力和源泉。

理想的内涵极其丰富,从内容上来看,理想可以分为社会理想、生活理想、道德理想、职业理想。社会理想是人们对未来社会的政治制度、经济制度、社会面貌等的希望和设想。生活理想是人们对未来的吃、穿、住、行等物质生活和文化娱乐等精神生活的追求和向往,也包括对婚姻家庭的向往。道德理想是人们所向往的理想人格和做人的标准,是人们在道德生活中所期望达到的目标,也就是说希望自己将来成为一个什么样的人。其中,社会理想是其他理想的前提和基础,人们在设计自己的未来职业、生活和为人的时候,总是以未来的社会作为基础的。

人们往往通过职业活动去追求社会理想的实现,借助职业活动取得的报酬来实现物质和精神生活水平的提高,从而实现自己的生活理想,在职业活动中体现自己的道德理想,而对职业的追求和向往就是职业理想。

(二)职业理想的概念及特点

1. 职业理想的概念　职业理想是人们依据个人条件和社会要求,借助想象而确立的职业方面的奋斗目标,即个人渴望达到的职业境界。是人们对职业活动和职业成就的超前反映,体现人的价值观、职业期待和职业目标,与人的世界观、人生观密切相关,是人们实现社会理想、生活理想和道德理想的手段。

中职学校的学生在进行职业规划的时候,首先应该考虑的就是为自己设定一个具体而现实的职业理想。所谓"具体",是指这种理想不仅是努力的方向,而且还指向具体的职业岗位及其不断晋升的岗位阶梯;所谓"现实",是指这种理想不但从自身实际和就业形势出发,而且与工作环境、福利待遇、晋升机会、人际关系等实际情况相联系,与该职业的社会评价相联系。职业理想不能过高,应该是"跳一跳够得着"。

2. 职业理想的特点

(1)社会性:职业理想是职业地位、职业声望在人们头脑中的反映。从业者通过自己的职业履行公民对社会应尽的义务,每种职业都有其特点的社会责任。同时,个人的职业理想会随着社会分工和经济发展而变化,职业理想的实现也取决于一定的社会因素,如社会稳定、经济发展等,确立和实现职业理想必须以社会现实为基础。

(2)多样性:一个人选择什么样的职业,与他的思想品质、知识结构、能力水平、兴趣爱好等都有很大的关系。政治思想觉悟、道德修养水平以及人生观决定着职业理想的方向;知识结构和能力水平决定着职业理想追求的层次。兴趣爱好、气质性格等非智力因素和性别特征、身体状况等生理特征也会影响职业选择。因此,职业理想呈现出多样性。

(3)时代性:社会分工和职业的变化,是影响个人职业理想的决定因素。随着社会的发展,职业演化越来越迅速,人们选择职业的机会也越来越多。个人的职业理想既要符合职业的演变,又要符合时代进步的要求。

(4)发展性:个人职业理想的内容会因时因地因事的不同而变化,随着年龄的增长、社会阅历的丰富而逐步变得现实,趋向稳定。同时,职业理想会随着社会的进步、经济的发展而不断发展,因此要善于结合社会和个人实际情况及时调整职业理想。

(三)职业理想的作用

1. 职业理想对人生发展的作用

(1)职业理想是人生奋斗的目标:一个人是否理智、是否成熟的根本标志在于看他有没有确立自己的奋斗目标。只有树立正确的职业理想,才能在黑暗中看到光明,在困难挫折甚至暂时失败时充满信心并坚信胜利。反之,人生就像没有舵的小舟,或随波逐流,或触礁,或搁浅。作为风华正茂的中职生,人生刚刚起锚,要想走好人生之路就必须有一个明确的职业理想。职业理想对确定人生目标,促进人生目标的实现有着积极作用,促使人们为了实现美好的未来,以坚强的毅力、顽强的斗志,向着既定的目标拼搏。职业理想犹如人生道路上的明灯,为我们的未来指明方向。

(2)职业理想是人生发展的动力:职业理想是人们在职业活动中追求工作、事业发展的动力源泉,在一个人力所能及的范围内,追求的目标越高远,所带来的动力就越充足、越持久。职业理想源于现实又高于现实,比现实更美好、更具吸引力,在为我们指出前进方向的同时能激发出我们坚定的意志,激励我们自觉地、持久地去追求既定的目标。中职生一旦树立了正确的职业理想,就会表现出获取科学知识、提升职业技能的强烈愿望,会产生责任感、紧迫感、自豪感,会珍惜现在、展望未来,会自觉地锻炼和提高自己,为未来的职业生涯做好充分的准备。

 职场加油站

人,只要有一种信念,有所追求,什么艰苦都能忍受,什么环境也都能适应。

——丁玲

2. 职业理想对社会发展的作用

(1)职业理想是实现社会理想的基础:在人的理想中,社会理想是核心,它影响和制约着生活理想、道德理想、职业理想的实现,每个人对社会发展的向往和人生态度不一样,职业理想也就有不一样的表现。正确的社会理想能指导人们树立正确的职业理想,激励人们追求美好的个人未来和社会发展。因此,有理想的中职生在追求美好的个人未来的同时,也必然会对社会进步与提高有所追求。

反过来,职业理想是实现社会理想的基础。社会的进步与发展,需要社会成员在不同的职业岗位上勤奋工作、努力奉献才能实现。中职生在树立自己的职业理想时,不能只考虑自己的成功,而应该把职业理想建立在社会理想的基础上,把国家的需要、社会的利益和个人的成功有机地结合起来,通过实现个人职业理想,来履行作为社会公民应承担的社会责任。

(2)有正确职业理想的劳动者是社会发展的动力:社会发展需要有理想的、高素质的劳动者。中职学校是培养有正确职业理想、良好职业道德和专业技能的高素质劳动者和技能型人才的地方。近些年来,党和政府相当重视职业教育,采取了一系列的措施来大力发展职业教育,如免学费和发放国家助学金等,中职生应该充分利用这些有利条件,树立正确的职业理想,努力学习和掌握专业知识和技能,积极参加社会实践,提高道德素养,使自己成为国家和社会所需要的高素质人才,为国家和社会的发展作出应有的贡献。

二、职业道德规范与职业道德修养

(一)职业道德

1. 职业道德的概念　人们在职业岗位活动中必然要与他人和社会产生各种各样的关系,为了保证职业活动的顺利进行,就需要有一定的规范来约束和协调人们之间的关系,这就是职业道德。所以职业道德就是指同人们的职业活动紧密联系的、符合职业特点所要求的道德准则、道德情操和道德品质的总和,既是对本职业工作人员在职业活动中的行为标准和要求,也是职业对社会所承担的道德责任与义务。

2. 职业道德的特征　职业道德是社会道德体系的重要组成部分,又是具有相对独立性的特殊领域。职业道德有以下几个特征:

(1)职业性:由于不同行业在工作性质、社会责任、服务对象、服务内容以及服务方式等方面存在诸多差异,因而每个行业都有自己特殊的职业道德要求。比如:医务人员的职业道德要求是"防病治病,救死扶伤";教师的职业道德要求是"诲人不倦,教书育人";商业服务人员的职业道德要求是"顾客至上,公平交易"等。某行业的职业道德要求不可能也不应该去约束其他职业人员的行为。

(2)多样性:各行各业都有自己的职业道德,它的形式和内容因行业而异,可以说,社会中存在的职业是多样的,与之相适应的职业道德也必然是多种多样的。

(3)一定的强制性:职业道德的要求往往具体化为规章制度、职业纪律等,并且把它与行政纪律结合起来。从业人员违背职业纪律和责任,就是不讲职业道德,不仅会受到道德批判,还会受到纪律处分,严重的甚至会受到法律制裁,所以职业道德具有一定的强制性。

(4)相对稳定性和连续性:只要某种职业作为社会分工在社会中存在,那么,与这种职业结合在一起的道德原则和规范就不可缺少。另外,从事相同职业的人们,在长期的职业实践中,因为具有共同的劳动条件,共同的劳动对象和任务,接受共同的职业培训,并且世代相传、绵延不绝,所以与该职业相适应的职业道德就会形成一种比较稳定的、连续的职业心理和职业习惯。

3. 职业道德的功能　职业道德可以调整从业人员内部的关系,以及从业人员和服务对象之间的关系,规范从业人员的职业行为,并激励和鼓舞从业人员做好本职工作;职业道德还有助于提高全社会的道德水平,促进社会主义和谐社会建设。如果人人都爱岗敬业、正直诚信、无私奉献,各行各业都认真践行职业道德规范,就会促进社会道德风貌建设,提高全民族的道德素质。

4. 医务人员职业道德　医务人员职业道德是职业道德的一种,简称医德,是指医务人员在医疗活动中应该具备的品德。医务人员职业道德是人们在长期的医疗卫生服务活动中产生、积累和发展起来的,具有很强实践性,在社会道德体系中占有重要的地位。

古往今来,中外一些著名的医学家都十分重视医德的重要性,如古希腊的医学鼻祖希波克拉底认为,只有有德行的医师才是最好的医师,医师应该是受人尊敬的人。中国唐代名医孙思邈在《大医精诚》里,开宗明义地指出为医者必须医术精湛、医德高尚。在中国古代,老中医在弟子满师时总要赠送两件礼物:一把雨伞和一盏油灯,意思是训诫弟子为患者治病要不分昼夜、风雨无阻、一心赴救。古代的这些优秀医德传统,至今对我们仍有着深刻的教育意义。

(二)职业道德的基本规范

1. 各行各业共同遵守的职业道德基本规范　"爱岗敬业、诚实守信、办事公道、服务群众、奉献社会"是各行各业共同遵守的职业道德规范,其中敬业、诚信是职业道德规范的重点。

(1)爱岗敬业:爱岗敬业是职业道德的基础,爱岗就是热爱自己的本职工作,这是社会主义职业道德最基本的规范。敬业就是崇敬自己所从事的职业,以及尽职尽责、任劳任怨的强烈事业心。每一个职业都有学不完的知识和技能,只有热爱本职工作的人才能做到勤业、乐业、敬业,追求精益求精。

(2)诚实守信:诚实守信是做人的根本,也是优良的职业作风。诚实就是正直真诚,堂堂正正做人、认认真真工作。守信就是讲求信誉、恪守信用。一个人只有诚实待人,才能建立和谐的人际关系,立足社会。

(3)办事公道:办事公道是指从业人员在职业活动中,要做到公平公正、不损公肥私、不以权谋私、不假公济私。在社会主义制度下,从业者之间以及从业者与服务对象之间都是平等的,他们的职业差别只是所从事的工作不同,而不是个人地位高低贵贱的象征。在职业活动中,无论对人对己都要出于公心,遵循道德和法律规范处事待人。

(4)服务群众:为人民服务是社会主义道德建设的核心,各行各业的从业人员都要以服务群众为宗旨。在社会主义社会,每个人无论从事什么工作、能力如何,都应该在本职岗位上通过不同形式为群众服务。如果每一个从业人员都能自觉遵守服务群众的要求,社会就会形成人人都是服务者、人人又都是服务对象的良好秩序与和谐状态。

(5)奉献社会:奉献社会就是要求从业人员在自己的工作岗位上树立奉献社会的职业精神,兢兢业业地为社会和他人做贡献。这是社会主义职业道德中最高层次的要求,体现了社会主义职业道德的最高目标指向。

同仁堂经历 300 多年不倒的秘密

以"济世养生"为宗旨的北京同仁堂创建于 1669 年,由于"配方独特、选料上乘、工艺精湛、疗效显著",自 1721 年起,同仁堂正式供奉清皇宫御药房用药,长达近 200 年。老一辈创业者没有丝毫懈怠,终于造就了同仁堂在制药过程中小心谨慎、精益求精的企业精神。

在 300 多年的历史长河中,历代同仁堂人树立起"修合无人见,存心有天知"的自律意识,确保了"同仁堂"这块金字招牌的长盛不衰。有一次,当经销商在广告中擅自增加并夸大某种产品的药效时,同仁堂郑重登报予以纠正并向消费者道歉。

同仁堂品牌作为中国第一个驰名商标,享誉海内外。目前,同仁堂商标已受到国际组织的保护,在世界 50 多个国家和地区办理了注册登记手续。成为国际知名企业,企业实现了良性循环。

2. 医务人员职业道德规范　医学是同疾病做斗争的工具,在防病治病过程中,医务人员应当把人的生命放在第一位,当病人受到疾病的折磨、处于痛苦或生命受到威胁时,医护人员应尽力地给予救治,这是医务人员义不容辞的责任。要做到这一点,医务人员就必须自觉遵守医德规范。

(1) 救死扶伤,忠于职守:救死扶伤是医务人员的最高宗旨,忠于职守是医务人员应有的职业精神。救死扶伤、忠于职守是医务人员正确对待医学事业的基本准则,是医疗卫生事业和人们健康的根本利益所在。

(2) 尊重病人的人格和权利:对待病人不分民族、性别、职业、地位、财产状况,都应一视同仁,这是医务人员处理医患关系时必须遵守的准则之一。

(3) 廉洁奉公,自觉遵纪守法,不以医谋私:要求医务人员必须清正廉洁、奉公守法,以此赢得病人及家属的尊重和信任。

(4) 为病人保守秘密,实行保护性医疗,不泄露病人隐私和秘密:一是对病人保守秘密,包括有可能会对病人产生不良影响的诊断、进展、预后及在治疗中出现的一些问题。

二是保守病人不愿公开的信息。医务人员必须心地纯洁,绝不能把病人的隐私当作日常谈话聊天的内容而传播扩散,以防止对病人造成伤害或引起家庭矛盾。

(5) 互学互尊,团结协作:这是正确处理好医际关系的基本准则。现代医学发展高度分化、高度综合,医务人员必须发挥团队精神,互相信任、互相支持,才能有利于医学人才的成长和医疗卫生事业的进步。

(6) 钻研医术,精益求精,不断更新知识,提高技术水平:钻研医术,精益求精是医务人员在学风方面必须遵循的道德准则,要求医务人员发扬科学的求实精神、创新精神,探索攻克疑难杂症的新理论、新技术,最大限度地减少病人的痛苦,争取最佳效果。

(三)职业道德修养

1. 职业道德修养的含义　"修养"是指一个人在政治、思想、道德品质和知识技艺等方面,经过长期的锻炼和培养所达到的水平。那么,职业道德修养就是指从业人员在职业活动中,按照职业道德基本原则和规范的要求,在职业道德品质方面的自我教育和自我提高,以形成高尚的职业道德品质和达到较高的精神境界,其实质就是学习职业道德知识、培养高尚的职业道德品质,当然,这需要日复一日、年复一年不断地严格要求和自觉修养。每个从业者只有在职业活动中,按照职业道德规范的要求,依靠自律,自觉地、有意识地加强职业道德修养,才能达到较高的道德境界。

2. 职业道德修养的内容　从内容上看,职业道德修养包括职业道德意识修养和职业道德行为修养两个方面,即职业道德认识的提高、职业道德情感的培养、职业道德意志的锻炼、职业道德信念的树立和职业行为的养成,也就是通常所说的知、情、意、信、行,良好的职业道德修养是一个人从事职业活动,奉献社会和成就事业的前提。

(1)知:即职业道德认识,是指人们在职业活动中对职业道德原则和规范的理解,是产生职业情感、职业道德意志、职业道德信念,支配职业道德行为的基础和起点。中职生在职业道德修养的过程中,要学习、理解和掌握职业道德原则和规范,把它们内化为自己的认识,才能初步达到明是非、别善恶、辨美丑、识荣辱的要求。

(2)情:即道德情感,是指人们在职业活动中对事物进行善恶判断所引起的内心体验,包括职业道德荣誉感和良心等,如爱恨、荣辱、美丑等不同感受。如果一个人没有强烈的职业道德情感,对不道德的职业行为没有厌恶,就不可能做到去恶从善,更不可能改变自己不符合职业道德的行为。

(3)意:即职业道德意志,是指人们履行职业道德义务,克服困难,将职业道德行为坚持到底的一种精神力量。人们在职业道德实践中,总是会受到外部客观条件的制约,金钱、名利的诱惑,周围环境和人的压力,主观的不良动机等等各种各样的问题,人们要有坚强的职业道德意志才能克服它们。所以,从业人员必须在职业道德修养的过程中,积极地进行职业道德意志锻炼,养成坚强的职业道德意志品质。

(4)信:即职业道德信念,是指人们对职业道德义务所具有的坚定信心和强烈的责任感,是职业道德品质的核心,也是职业道德认识、职业道德情感和职业道德意志有机统一。人们一旦具备了坚定的职业道德信念,就能在职业活动中尽职尽责、精益求精,恪守职业道德原则和规范,并以此为标准评价自己和别人职业道德行为的善恶。

(5)行:即职业道德行为养成,是指按照职业道德原则和规范进行行为选择和评价,逐步养成符合职业道德要求的习惯,做到自尊、自爱,塑造优良的职业形象。良好的职业道德行为,是职业道德修养的结果和归宿,是从业人员在职业活动中把职业道德认识、情感、意志和信念,转变为自己的职业道德行为,并贯穿和体现在自己的整个职业生涯之中。

职业道德认识、职业道德情感、职业道德意志、职业道德信念和职业道德行为是职业道德修养的内容,它们之间相互联系、相互促进,构成职业道德修养的基本过程。由职业道德认识最终转化为职业道德行为,必须经过职业道德情感、意志和信念这三个环节,这个过程不可能一步完成,而是需要经过实践、认识、再实践、再认识,不断循环往复,逐步提高的历练过程。

3. 职业道德修养的途径　中职学校学生即将步入社会开始职业活动,在校时的职业道德修养就是直接为将来的职业活动奠定基础、积蓄力量。养成良好职业道德修养要做到以下几个方面:

(1) 提高个人职业道德修养的自觉性:职业道德修养有助于从业人员正确解决职业道德要求与自己选择能力和践行能力之间的矛盾,解决自己内在思想品质中与职业道德要求不一致的地方,从而使自己能够适应职业道德的要求。中职生在校期间要自觉自愿地去学习、理解和掌握职业道德原则和理论,掌握与本专业相关行业的职业道德规范,学会分清哪些现象符合职业道德,哪些现象不符合职业道德。只有这样才能为职业道德修养奠定基础,才能培养相应的职业道德情感、意志、信念,形成职业道德行为习惯,成为具有优秀职业道德品质的劳动者。

(2) 积极投身社会实践,做到知行统一:投身社会实践是职业道德修养的根本方法,也是塑造良好职业道德品质的根本途径。一个人只有投身于职业道德实践中,才能真正理解职业道德的内涵,才能培养发自内心的职业道德情感,形成坚定的职业道德信念,养成良好的职业道德行为习惯。职业道德理论不是挂在嘴上的条文,如果不做到知与行、学与做的统一,职业道德理论就成了水中花镜中月,变得毫无意义。中职生虽然还没有从事职业活动,但可以通过参加社团活动、公益活动、社会调查、勤工俭学、实习等,尽可能融入到职业活动中,去体验和感受职业道德要求,逐步养成职业道德行为。

(3) 勇于剖析自我,努力做到"慎独":剖析自我,就是要善于认识自己、解剖自己,客观公正地看待自己。在学习和工作中坚持用职业道德规范来检查对照自己言行,不夸大优点,也不抹去缺点,勇于正视自己的不足,更重要的是敢于改正缺点,不断完善自己的职业道德品质。"慎独"是指独自一人在没有外界监督的情况下,也能自觉遵守道德规范,坚守自己的道德信念,不做对社会和他人不道德的事情。这是一种职业道德修养的方法,也是个人职业道德修养的最高境界。

(4) 坚持不懈:高尚职业道德的形成,不可能是一蹴而成,也不可能一劳永逸,它需要的是坚持不懈、持之以恒。在实践中,要求我们从今天做起、从我做起、从小事做起。

从今天做起。"明日复明日,明日何其多",如果不付诸行动,明日就没有了意义。职业院校学生应当珍惜时间,把握住今天,从此刻做起,认真学习、主动实践,迈出职业道德修养的第一步。

从我做起。古语说"国家兴亡匹夫有责",每一个职业人都承担着促进国家发展、社会进步的责任。作为未来的职业人,中职生在校期间要有意识地从我做起,不能因为职业活动中存在不符合职业道德规范的现象就放弃自己的修养。

从小事做起。再高的职业道德修养也要体现在细小的职业行为中。"千里之行始于足下""不积跬步，无以至千里"，这些古语都说明了做小事与成大事之间的关系。中职生要注重日常生活里小事的修养，用职业道德的标准规范自己的言行，并且持之以恒地坚持下去，一定可以培养出良好的职业道德行为习惯。

三、职业理想与现实的关系

在追求职业理想的过程中，人们常常会感到理想与现实之间的矛盾，对于思想活跃和敏感的中职生来说，也容易对职业理想与现实的矛盾产生困惑，要解决这个问题，就需要我们正确认识职业理想与现实的关系。

（一）职业理想与个人现实的关系

全面、深刻、客观地了解自己，是树立正确职业理想的前提，所有正确的职业理想都是在充分且正确认识自身条件的基础上确立的。作为中职学校的学生，树立职业理想之前必须做好自我评估，包括自己的价值观、兴趣、特长、性格、学识、技能、智商、情商和思维方式等，弄清"我是谁？我想干什么？我能干什么？环境允许和支持我做什么？我的优势是什么？我的劣势是什么？我最终的职业理想是什么？"等问题。自我认识一定要客观冷静，既要看到自己的优点，又要看到自己的缺点，在此基础上才能确立适合自己的、明确的、有实现可能的职业理想。

（二）职业理想与社会现实的关系

社会也是影响职业理想确立的重要因素，职业理想的树立和实现都是在一定的社会环境下进行的。所以，树立职业理想时要考虑社会需求，做到社会利益与个人利益相统一，社会需求与个人愿望相结合，积极把握社会对人才需求的动向，把社会需求作为树立职业理想的出发点和归宿，以社会对个人的要求为准绳，既要看眼前利益，又要考虑长远发展；既要考虑个人因素，更要自觉服从社会需求。在实现职业理想的过程中，也可能会出现难以预料的变故或其他原因，这时就必须根据社会实际和生活工作情况，适当地加以调整，使自己的职业理想建立在符合现实的基础上，力求使自己的职业理想既符合自己需求，又符合社会需要。

（三）职业理想变成现实的过程是艰巨的和曲折的

在确立职业理想的时候，往往会对未来职业和职业的发展充满了美好的想象，而对职业理想实现过程中的艰难和曲折估计不足，于是有的同学对可能出现的困难缺乏思想准备，在遇到困难、曲折或失败时就灰心丧气、悲观失望，甚至会放弃理想。

在就业竞争如此激烈的情况下，中职生要想在社会上立足，并实现自己的职业理想，就要将压力变为动力，在校学习期间要刻苦钻研、不畏艰难，孜孜不倦地学习理论知识和专业技能；在求职就业过程中要敢于拼搏，敢于面对挫折和失败，从基层做起，踏踏实实，一步一个脚印，努力达成职业目标。

第二节　中职学生职业生涯规划要面向未来

人们生活在复杂的社会环境中,所经历的事情瞬息万变,在实现职业理想的过程中,总会遇到许许多多大小各异的矛盾、挫折和冲突,给人带来烦恼与困扰。要战胜这些困难实现职业理想,就必须有正确的人生观,要能做出面向未来的职业生涯规划。

一、职业生涯规划与职业理想的实现

现代社会,规划决定命运。有什么样的规划就有什么样的人生。三年后我们就将走上职业岗位,时间非常有限,越早对职业生涯进行规划,实现职业理想的可能性就越大,也就越能获得成功。

（一）职业生涯规划是实现职业理想的基础

好的规划是成功的开始,当今社会到处充满着激烈的竞争,作为即将步入社会的中职生要想在竞争中取胜,首先要有正确的职业理想,其次要做好职业生涯规划,职业生涯规划必须务实,符合个人和社会实际,同时具有鲜明的个性,有明确的方向和可操作性。俗话说"有志者事竟成",但是现实生活中也有很多志大才疏、一事无成的人,这是因为他们的职业理想脱离实际,或是没有实现职业理想的具体措施。职业理想固然重要,但做好职业生涯规划,并将其落到实处,才能把职业理想真正变成现实。

（二）职业生涯规划是认识自我、完善自我的过程

职业生涯规划的过程,是中职生正确认识自我、了解自我,明确自己的优势,发掘自我潜能,增强自信,确定人生前进的方向的过程。通过职业生涯规划,可以帮助中职生认识就业形势,强化中职生的职业意识,巩固和完善职业理想,认识职业道德修养和专业学习对实现职业理想的作用,增强提高职业素质和职业能力的自觉性,还可以增强自身发展的目的性与计划性,提升应对竞争的能力,把握更多成功的机会,最终实现职业理想。

（三）做好职业生涯规划,实现职业理想

正如前面所说,职业生涯规划是实现职业理想的基础,只有制定出适合自身发展的职业生涯规划,才能把命运掌握在自己的手中。那么,中职生怎样才能制定出一个好的职业生涯规划呢?

1. 要有对自己负责的态度　职业生涯规划关系到中职生未来的前途和命运,是任何人都无法回避的问题,只有认识到这一点,我们才会认真思考"我究竟要从事什么样的工作?""我想要过什么样的生活?"等等问题,带着这些问题,带着对自己未来的责任感进行规划,才会有最大的收获。

2. 要能够进行正确的自我评价　认识自我方能认识人生,职业生涯规划的第一步就是正确的认识和评价自我。认识自我的方式有很多,主要的是以下几种:

（1）通过自我观察认识自己：要认识自己，我们必须做一个有心人，经常反省自己在日常生活中的点滴表现，总结自己是个什么样的人，找出自己的优点和缺点。自我观察主要有三个方面：一是自身外表和体质状况的观察，包括外貌、风度和健康状况等方面；二是自我形象的观察，主要是观察自己在所生活的集体中的地位和作用、公共生活中的举止表现以及社会适应能力等；三是自己精神世界的观察，包括自己的政治态度、道德水平、能力、性格、兴趣爱好、特长等方面。

（2）通过他人认识自己：大文豪苏轼写道"不识庐山真面目，只缘身在此山中。"认识自己确实比较难，一般来说，当局者迷，旁观者清，周围的人对我们的态度和评价能够帮助我们认识自己、了解自己。当然，有时候因为我们不同的心理需求，会只注意一个角度的评价，而忽略全面地接纳信息。比如在得意的时候可能听不进批评的声音，觉得这些声音是出于嫉妒；在失意的时候，又会对别人的赞美表示怀疑，认为这种肯定不真实。所以，我们不但要听取别人的评价，还要会冷静客观地进行综合分析，既不盲从，也不能忽视。与自己接触比较多的人如父母、朋友、老师、同学等，他们的评价更具有采信价值。

（3）"以人为镜"，在和别人的比较中认识自己：我们往往很难客观地看待自己，但是作为旁观者，却能清楚地指出别人的优点与缺点、对与错、得与失。所以可以在自己周围寻找和自己各方面比较接近的人作为参照，看他的行为、体会他的得失，把他当作"镜子"，不断地修正自己。

（4）勇于正视自己的优缺点：世界上没有十全十美的人，每个人都是优点与缺点的集合体，我们要客观地看待自己，不苛求完美，也不无视缺点，否则会出现没有信心，畏缩不前，一事无成或盲目乐观，好高骛远的情况。在实践中要善于发现自己的优点，把它发挥出来，转化为未来职业发展中的优势，对于缺点要尽力改正，不要让它成为成功的绊脚石。

3. 正确评估环境　任何一个人的职业发展都离不开环境条件，中职生在进行职业生涯规划时，要对自己所处的环境进行充分的了解和评估，顺应环境需求，趋利避害，使自己的职业生涯规划具有实际的意义。

（1）家庭环境：家庭对职业选择的影响是最直接的，家庭的社会关系、经济状况、家庭成员的职业背景及健康状况，在很大程度上影响到一个人的职业生涯规划和职业理想的选择。家庭状况是中职生进行职业生涯规划时必须考虑的重要环境因素之一。

（2）社会环境：社会环境包括政治环境、经济环境、行业环境等。人们的职业生涯是在一定的政治和经济环境下进行的，中职生在进行职业生涯规划时要关注国家的大政方针和就业的政策法规；要了解国家和区域经济发展的趋势以及经济发展政策；还要关注行业发展动向，顺应时代潮流，紧跟形势，为自己创造更多的就业机会和发展空间。

4. 付诸行动　这是实施职业生涯规划最重要的一步。如果只有规划而没有行动，规划就没有了任何价值。

（1）养成立即行动的习惯：很多时候人们制定了很好的计划，却拖拖拉拉，迟迟不去做，在懈怠中让自己的计划付之东流。如今这个时代是发展迅速、竞争激烈的时代，机会往往稍纵即逝,因此不管有什么目标和规划,一定要立即付出行动,否则会坐失良机,最终落得一事无成。

(2) 要持之以恒:因为环境和个人条件的变化,以及不确定因素的影响,人们在实施职业生涯规划的过程中,总是会遇到与规划不一致的地方,或者是碰到困难和意外,这就需要我们有坚强的毅力和百折不挠的精神,踏踏实实做好每一件事,向着我们的理想前进。

二、培育职业精神

(一) 职业精神的含义

职业精神是指一个人对待职业、对待自己、对待工作、对待社会的态度,是建立在爱国主义与奉献社会、服务人民的崇高政治理想基础之上的,蕴藏着对所从事职业的使命感、责任感、团队合作精神、敬业精神和优良的职业道德等内容。其核心是人格和人性的真善美在职业活动中的体现。

(二) 职业精神的基本要素

职业精神有八个方面的要素构成,这些要素从不同的方面反映着职业精神的本质和基础,同时又相互配合,形成严谨的职业精神模式。

1. 职业理想　是职业精神的灵魂。从业者对职业的要求一般来讲可以概括为三个方面:维持生活、完善自我、服务社会。这三个方面都是必需的,只是我们在选择职业时应该把服务社会放在第一位。职业精神所提倡的职业理想是从业者放眼社会利益,努力做好本职工作,全心全意为人民服务、为社会服务,因为只有从社会的整体利益出发,分别从事社会所需要的各种职业,社会才能进步和发展,也只有在此基础上,所有社会成员包括从业者自身,才能过上幸福的生活。

2. 职业态度　是个人选择方法、工作取向、独立决策能力与选择过程的观念,对职业选择的行为有所影响。观念正确、心态健全的人,对职业的选择较积极、慎重,做出正确选择的机会较大;相反,观念不正确、心态不健全的人,对职业的选择具有推诿搪塞、轻忽草率的倾向。正确的职业态度应该是积极、乐观,热爱自己的职业并对职业充满激情。有这样的工作态度,才会在工作时充满激情,不会轻易感觉苦与累。

3. 职业责任　是人们在一定职业活动中所承担的特定的职责,包括人们应该做的工作和应该承担的义务。当我们对工作充满强烈的责任感时,我们就会更主动的从中学习行业知识,培养对工作的兴趣,同时也有了更加饱满的工作热情,也让我们能够积累更多的经验。责任感是我们战胜工作中诸多困难的强大而有力的精神动力,它使我们有勇气振作精神排除万难,甚至可以把不可能完成的任务完成得相当出色,而一旦失去责任感,即使是从事那些令人尊敬或是最擅长的工作,也难有很大的成功。

4. 职业技能　随着社会的进步和发展,职业对从业者的职业技能要求越来越高,不但需要科学技术专家,更需要千千万万个受过良好职业技能教育的技术人员、管理人员、技工和其他具有一定科学文化知识和技能的熟练从业人员。作为职业学校的学生,学习和掌握职业技能是我们将来谋求职业的前提条件。

5. 职业纪律　劳动者在从业过程中必须遵守的从业规则和程序,是保证劳动者执行职务、履行职责、完成自己承担的工作任务的行为规则,包括工作时间、劳动态度、安全、技术、卫生等规程的要求以及服从管理、考勤等方面的全部内容。职业纪律可以维护正常的工作程序,保证职业活动顺利有序的进行,也可以促使劳动者安全规范地行使自己的劳动权利。

6. 职业良心　是从业者对职业责任的自觉意识。能依据履行责任的要求,对行为的动机进行自我检查,对行为活动进行自我监督,在职业行为之后,对行为的结果和影响作出评价,对于履行了职业责任的良好结果和影响,会得到内心的满足和欣慰;反之,则会进行内心的谴责,表现出内疚和悔恨。因此职业良心在人们的职业生活中有着巨大的作用,贯穿于职业行为过程的各个阶段,成为从业者重要的精神支柱。

7. 职业信誉　是职业责任和职业良心的价值尺度,包括对职业行为的社会价值做出的客观评价和正确认识,是职业良心中知耻心、自尊心、自爱心的表现。职业信誉使从业者自觉地按照客观要求的尺度去履行义务,宁愿作出自我牺牲也不愿违背职业良心,去做损害职业精神的事情。在这个意义上,职业信誉鲜明地体现着"全心全意为人民服务"的职业理想和主人翁的职业态度。职业信誉要求从业者提高职业技能,遵守职业纪律。

8. 职业作风　是从业者在其职业实践和职业生活中所表现的一贯态度,是职业精神在从业者职业生活中的习惯性表现。敬业精神的好坏决定着职业作风的优劣,而职业作风的优劣又直接影响着信誉、形象和效益。从某种意义上讲,从业者的职业作风关系到工作单位的兴衰成败和生死存亡。优化职业作风,就要反对腐败和纠正行业不正之风,以职业道德规范职业行为。

(三) 培育医学职业精神

1. 医学职业精神　医学职业精神是全社会、全人类所肯定和倡导的基本从医理念、价值取向、职业人格、职业风格、职业风尚的总则,归结为坚定的职业信仰、高雅的生命文化修养、高尚的职业操守、高度的责任担当。医学职业精神要求医务人员确立全心全意为患者服务的理想信仰,在医疗实践整个过程中、在任何情况下,医务人员都要始终坚持医学职业道德和专业精神。

2. 培育医学职业精神　医学职业精神取决于医务人员的职业态度。国际医学教育委员会在《基础医学教育全球基本要求》中,放在首位的就是医学职业、医学价值观和伦理塑造。而《世界卫生组织西太平洋地区本科医学教育质量保障指南》则明确指出,医学生应该具备八个方面的职业态度:

(1) 尊重个人,重视人文背景与文化差异。

(2) 重视关于生与死的伦理问题的复杂性,包括有限资源的分配。

(3) 真诚地想减轻患者的病痛。

(4) 意识到与病人及其家属交流的必要,并使他们充分参与治疗计划。

(5) 愿以最低的费用达到最理想的康复,从可用资源中得到最大的效益。

(6) 认识病人和社区的健康利益是至关重要的。

(7) 乐意与其他卫生保健从业人员进行有效的团队合作。

(8) 重视自己的责任,从而在职业生涯中尽可能地保持最高的行医标准。

从以上八条职业态度中可概括出医学职业精神的内容:

一是精神境界高远

医务人员能够遵纪守法,树立科学的世界观、人生观和价值观,有正确的荣辱观,热爱祖国,忠于人民,愿为祖国医疗卫生事业的发展和人类身心健康奋斗终身;将预防疾病、驱除病痛作为自己的终身责任;将维护民众的健康利益作为自己的职业责任;自觉维护医德。

二是情感胸襟宽阔

医务人员要尊重病人的人格和隐私,尊重病人的个人信仰,理解病人的人文背景及文化价值;尊重其他医务工作者,具有集体主义精神和团队合作观念,必要时主动寻求他人的帮助;具有科学态度和创新精神;能够认识到持续自我完善的重要性,不断追求进步。

三是人文关怀充分

医务人员要具有依法行医的观念;注重与病人及其家属的交流和沟通;充分考虑病人及家属的利益;能够珍视生命、关爱病人,具有医学人文精神;能够将提供临终关怀作为自己的道德责任。

本章小结

　　本章的主要内容是职业理想、职业道德修养、职业道德规范、职业理想与现实、职业理想与职业生涯规划和培育职业精神。通过本章的学习,使学生懂得树立职业理想的重要性,明白实现职业理想不仅需要进行合理的职业生涯规划,还需要自觉遵守职业道德规范,具备较高的职业道德修养;使学生学会依据社会发展、职业需求和个人情况对职业理想和职业生涯规划进行调整,最大限度地变理想为现实;帮助学生树立正确的医学人文精神,不断提高职业素质,在学习生涯中树立医学职业精神,进而实现人生价值。

 复习与思考

一、名词解释

1. 职业理想　2. 职业道德　3. 职业道德修养　4. 医学职业精神

二、问答题

1. 职业理想有什么作用?
2. 医务人员职业道德规范的内容是什么?
3. 职业生涯规划与实现职业理想之间是怎样的关系?
4. 什么是职业精神?它包括哪些基本要素?医学职业精神的内容是什么?

(曹　瑾)

第三章 ｜ 职业能力与职业生涯规划

03章 数字资源

有人说，美丽的外表是求职者最好的推荐信，但是有了推荐信并不代表一定会被录用，更不保证一定会被重用。一个人的职业定位最根本的还是依照能力来确定的。而一个人职业能力的形成和提升需要长期的学习以及在生活与实践中不断磨炼才能完成。

第一节 能力与职业能力

要想使自己卓尔不群、脱颖而出，就必须努力把自己打磨成为耀眼的珍珠，让世人认识到你们所具有的独特的、非凡的才能。

一、能 力 概 述

（一）能力的概念

能力是直接影响活动效率，使活动得以顺利完成的个性心理特征，它主要包括观察力、记忆力、注意力、想象力和思维能力等。能力总是与人的学习、工作、劳动等具体活动相联系的，它是一个人完成任务的前提条件，是影响工作效果的基本因素。

影响能力的因素很多，其中主要有先天的遗传因素、后天的家庭与学校教育、社会实践以及个人的勤奋努力程度等。一个人如果有优秀的遗传素质、良好的家庭和学校教育、大量切合实际的社会实践、还有自身的不懈努力，那么他的能力水平必定会有突出表现；但也有的人是先天不足后天补，奋起直追，反而更让人刮目相看。

（二）能力与知识技能的关系

知识技能是一个人通过学习就可以掌握的技巧，人的能力也可以在知识技能的掌握中获得提高。人们对知识技能的掌握是以一定的能力为基础的；反过来，能力在一定程度上制约着知识技能掌握的深度、广度以及速度等。因而，我们不能讲能力等同于知识技能。

（三）能力差异

人与人是不一样的，其中比较重要的不同之处就是能力上有差异。人的能力差异主要表现在能力的类型差异、水平差异、表现早晚的差异。

1. 能力的类型差异　能力的类型差异表现在不同的人，能力结构不同，活动方式不同。例如，有人擅长语言表达，有人精于抽象的逻辑思维。

2. 能力的水平差异　能力的水平差异表现在有的人在某些方面能力超群，有的人则有某些方面能力低下。比如，有的人具有超强的记忆力，非一般人所能比；有的人数学能力低下，做不了简单的运算。

3. 能力表现早晚的差异　能力表现早晚的差异主要表现在两个方面：一是对同一个个体而言，有的能力表现比较早，如音乐、舞蹈能力；有的能力表现比较晚，如管理能力、抽象思维能力等。二是对不同的个体而言，有的人年少有为，有的人则大器晚成。

因而，在个人的能力方面，人应有自知之明。过高的评价自己的能力，往往使自己脱离现实，意识不到自身的条件限制，甚至狂妄自大，由自信走向自负；过低地评价自己的能力，又往往会忽视自身的长处，缺乏自信，过于自卑。

二、职 业 能 力

（一）职业能力的概念

职业能力是人们从事某种职业必须具备的，并在该职业活动中表现出的多种能力的综合体现。因此，职业能力不仅是指其中的某一种能力，而是多种能力的叠加与复合。也可以这样说，只要和职业活动相关的能力，就是职业能力。

劳动和社会保障部在《国家技能振兴战略》中把职业核心能力分为八项，称为"八项核心能力"，包括与人交流、数字应用、信息处理、与人合作、解决问题、自我学习、创新革新、外语应用的能力。

（二）职业能力的基本要素

职业能力主要包含三方面基本要素：

1. 为了胜任一种具体职业而必须要具备的能力，表现为任职资格。

2. 指在步入职场之后表现的职业素质。

3. 开始职业生涯之后具备的职业生涯管理能力。

例如，一名教师只具有语言表达能力是不够的，还必须具有对教学的组织和管理能力,对教材的理解和使用能力,对教学问题和教学效果的分析、判断能力等,并且能对学生进行有效积极的教育,这才是一个老师的职业能力。

(三) 职业能力的种类

由于职业能力是多种能力的综合,因此,我们可以把职业能力分为一般职业能力、专业能力和职业核心能力。

1. 一般职业能力　一般职业能力主要是指一般的学习能力、文字和语言运用能力、数学运用能力、空间判断能力、形体知觉能力、颜色分辨能力、手的灵巧度、手眼协调能力等。此外,任何职业岗位的工作都需要与人打交道,因此人际交往能力、团队协作能力、对环境的适应能力,以及遇到挫折时良好的心理承受能力,都是我们在职业活动中不可或缺的能力。

2. 专业能力　专业能力是指从事某一职业的专业能力。在求职过程中,招聘方最关注的就是求职者是否具备胜任岗位工作的专业能力。例如,你去应聘教学工作岗位,对方最看重你是否具备最基本的教学能力。

3. 职业核心能力　职业核心能力是人们职业生涯中除岗位专业能力之外的基本能力,它适用于各种职业,适应岗位的不断变换,是伴随人终身的可持续发展能力。职业核心能力是成功就业和可持续发展的关键能力,是当今世界发达国家、地区职业教育和人力资源开发的热点。

 职场加油站

职业生涯规划师把职业能力分为:功能性或可迁移技能、内容性技能和适应性技能。

功能性或可迁移技能:包括写作、组织、计算、操作、设计和思考等技能。这些技能可以应用到职业世界的各个领域,基本上没有行业阻隔。

内容性技能:为了从事某项工作而学习工作内容或专业知识的技能。比如,在学校学习了许多具体的科目(如人体解剖学和生理学、发动机如何运转、计算机编程等),都是为了培养出日后你能用来推销自己的技能。

适应性技能或自我管理技能:这类技能几乎难以被识别为技能,它们更多的时候被认为是人格特质。适应性技能包括精力充沛、善于分析、强壮、善表达、机智、通情达理、精确、乐于助人、成果丰富、可靠、真诚等。

三、职业能力的基本要求

(一) 职业能力的基本要求

职业能力的基本要求是指人们顺利完成各项任务都必须具备的一些基本能力要求,主要是指在不同工作领域中都需要的一般职业能力。

（二）职业能力基本要求的具体内容

1. 学习能力　学习能力是人的最基本的能力。它是指人们认识、理解客观事物并运用知识、经验等解决问题的能力，又可称为智力。它包括记忆能力、观察能力、注意能力、想象能力、思维能力，特别是逻辑思维能力。学习能力是人们在学习、工作及日常生活中必须具备并广泛使用的能力。职业或专业的水平越高，对人的学习能力的要求就越高。

职场加油站

学习是无止境的，学习与生活同在，学习与工作同在。

任何职业岗位上都需要有终身学习能力的人。因为没有人能保证已经拥有的技术技能能够完全适用于将来的工作，而几乎所有的职业岗位都希望人们能迅速掌握新的专业技能。学习如同呼吸一样，是一种终身活动。因为在工作和生活中的每一天都有新情况、新挑战，每一天都要面对新事物、新问题。所以，我们如果是一味地闭门造车，抱残守缺，就必然会落伍，就必然会被淘汰出局。

2. 方法能力　方法能力是指主要基于个人的，一般有具体和明确的方式、手段的能力。它主要指独立学习、获取新知识技能、处理信息的能力。职业方法能力是劳动者的基本发展能力，是在职业生涯中不断获取新的知识、信息、技能和掌握新方法的重要手段。职业方法能力包括自我学习、信息处理、数字应用等能力。

3. 社会能力　社会能力是指与他人交往、合作、共同生活和工作的能力。社会能力既是基本生存能力，又是基本发展能力，它是劳动者在职业活动中，特别是在一个开放的社会生活中必须具备的基本素质。社会能力包括与人交流、与人合作、解决问题、革新创新、外语应用等能力。

4. 个人能力　随着中国经济体制改革的深入、法制不断健全和完善，人的社会责任心和诚信将越来越被重视，爱岗敬业、工作负责、注重细节的职业人格会得到全社会的肯定和推崇。

第二节　提高职业能力的方法

案例

小明进入职校已有一段时间了，经过几个月的职校生活，他认识了职业教育的性质，对未来的职业充满了信心，很想自己有较强的职业能力，在未来的就业中顺利发展，可他不知道该怎么做才能具备较强的职业能力。

请问：1. 同学们，你们知道怎样才能具备职业能力吗？

2. 在职业生涯即将开始时，如何提升自己的职业能力呢？

近年来，随着毕业生数量的飞速增长，学生的就业形势日益严峻，很多和我们一样的在校学生都面临着就业的难题。与此同时，很多企业又出现了大面积的"用工荒"，不少用人单位表示急需高素质的人才。不得不说，这是一个很矛盾的现象。然而，当我们进一步讨论这个现象时，发现这个看似矛盾的现象，却有着必然出现的原因：我们当中的很多学生毕业后，知识水平已经足够胜任很多工作，但个人职业能力与职业素养水平仍欠缺，很难直接为企业所用。很显然，在校学生要想获得更多的就业机会，就必须要在在校期间努力提高个人的职业能力与职业素养水平，以期尽快将自己改变成为一个可以让企业放心使用的职业人才。为此，要提高个人职业能力和职业素养水平。

通常来说，一个人职业能力的形成和提升是一个长期的过程，是需要经过相当长时间的学习，以及在社会生活与实践中不断磨炼才能够完成。

一、在学校、职业实践、生活实践中提高能力

（一）在学校学习中提高职业能力

每个人步入职业生涯的具体时间表会有些不同，但共同之处就是，在这之前都必然要经历相当长时间的学校教育。通过在校期间的学习，可以有效地提高自己的职业能力。

当然，人们应尽早确定自己的职业生涯目标。因为只有知道自己的努力方向，这种学习才有针对性，才能根据未来职业的需求有层次地、全方位地提高自己。

1. 掌握专业知识与技能　同学们在校学习期间，要做好知识、技能上的储备。这主要包括：掌握专业知识，同时注意与职业相关的其他专业知识的拓展，注重培养过硬的专业技能。

 职场加油站

如果你在学校考试时，100分的题错了一小点，那么可能会得到99分，最多是有些遗憾没能得满分；但在实际工作中，如果你所做的事情错了一小点，那么你可能得零分，就是前功尽弃或是追悔莫及。

在专业知识的学习中，要特别注重培养自己刻苦认真的学习态度，树立遵守纪律和规章制度的意识。一方面，要努力学好各门文化课和专业知识，高标准、严要求，平时多注重技能训练，在日常生活中多学、多看、多问，才可以丰富才学，扩大知识面，也可以增强自信心；另一方面要养成扎实认真的作风和吃苦耐劳的精神，在专业知识技能的学习上不怕

吃苦、不怕受累,反复练习技术要领,掌握过硬的专业技能,为职业生涯发展奠定基础。

2. 学会学习,终身学习 我们在校期间的学习,最根本、最重要的就是学会学习。对于中职生来说,在学习中不仅要关注学到了哪些具体的专业知识和技能,更重要的是要学会如何有效学习的方法,提高自学能力,才能不断获取新知识。

在这个科学技术日新月异、知识量急剧增加的时代,一个只满足于自己过去已有的、陈旧知识的人,可能会沦为"功能性文盲"被社会淘汰。目前,在英国、美国等教育发达国家,受过一定传统教育,会基本的读、写、算,却不能识别现代信息符号及图表,无法利用现代化生活设施的"功能性文盲"占其总人数的 20%。职业学校学生要做一个"学会学习的人",保持不断学习的心态,活到老,学到老,坚持终身学习。

3. 培养职业道德、加强身体素质和心理素质的锻炼 现代社会需要专家专才,也需要技术过硬、吃苦耐劳、敬业爱岗的高素质技能型人才,呼唤综合素质高、职业岗位能力强的复合型人才。中职学生主要的定位是技能型人才,过硬的技能、高度的责任感、较强的纪律性、崇高的职业精神是走向职业成功的基石;健康的体魄、良好的社会适应能力、自我情绪控制力、顽强不屈的意志力,是一个成功的职业人必备的基本素质,要不断努力锻炼和提高。

(二)在职业实践中提高职业能力

在职业实践中学习,是提高职业能力的主要方式之一,甚至可以使自己从"门外汉"迅速成长为"合格的专业人士"。因为实践本身是获取知识的重要渠道,许多知识、技能、经验都是只有在职业实践中才能获取的。"纸上得来终觉浅,绝知此事要躬行"。实践出真知,我们要在职业实践中通过各种途径提高职业能力。

职业学校学生的职业实践从实践地点考虑:有校内实践(如实验室、实习工场等)、校外实践(如实习单位实际岗位见习、实习等)的形式;从专业教育的角度看:有实验、实训、见习、实习等形式;从实践对象考虑:有实体实验(实践)和模拟(虚拟的数字化操作平台)实践等;从职业生涯教育理念出发,一切社会实践活动都是职业学校学生职业实践的范畴。

1. 珍惜卫生职业实习 卫生职业实习是卫生职业教育的重要组成部分,其目的是让学生把学校学到的知识和技能用于实际的医疗服务,提高学生综合素质,拓展职业能力。通过实习,使学生广泛接触社会,扩大知识面,提高认识能力和活用知识能力,了解卫生职业工作的现况、服务方法与流程,掌握本专业必须具备的操作技能、技巧,培养学生高尚的职业道德和热爱劳动的品质,为学生就业创造有利环境,对于每一个学生来说,要珍惜卫生职业实习机会,遵守实习守则,遵守实习单位的劳动纪律和规章制度,按实习大纲完成实习。

 职场加油站

有人总结了实习经验,称为"四勤":"手勤"就是勤动手,多做各种临床操作;"腿勤"就是要经常深入病房观察病情变化,常到辅助科室学习有关知识,常跑图书馆解决临床上遇到的困难;"嘴勤"就是要多问,不懂就问,遇到问题,不管是谁,只要能够解决问题,都是请教的对象;"脑勤"就是要勤于思考。

2. 向楷模、同行中的专家学习　要善于在实习和工作中向楷模和行业专家学习,学习他们认真负责、精益求精的工作态度、全心全意为患者服务的精神、敬业爱岗的使命感和责任心,苦练基本功,在关爱病人和无私奉献中升华自己,提高职业能力。

3. 工作中的自我学习　在工作岗位上做一个有心人,注意观察问题,注意发现问题,并善于寻求解决问题的方法。通过不断地学习,不断地解决问题,使自己的工作能力得到提高;并通过自己亲身工作经历获得的实践经验,不断地充实自己,增强自己的实力。

（三）在生活实践中提高职业能力

在生活实践中,可以在很大程度上提高自己的职业能力。因为社会生活本身就是一个开放的大课堂,就是一部包罗万象的大课本,就是一部读不完的无字之书。

鲁迅曾经告诫人们:"要用自己的眼睛去读世间这部活书"。有志向的人就要善于读生活这本"无字书",要读懂这本无字之书,必须处处留心、时时在意,因为生活中事事处处皆学问。

在生活实践中学习:一是学习别人的经验教训,使自己有能力不犯和别人同样的错误;二是时常反省自己的得失,使自己有能力不出现同样的过错。

职场加油站

不经过反思的生活不值得过。

——苏格拉底

一个人的职业能力是一种不能用编程来表现的东西,是不能完全复制的。在生活实践中,随时随地都能使一个人的职业能力获得提升。因此,如果我们在生活中做一个有心人,就可以在看似不经意间提升自己的职业能力。

轶事集萃

许振超,曾经是青岛港桥调队的一名普通工人,现在是创造了"振超效应"的工人专家,清华大学曾聘他为客座教授。许振超多次受到上级的表彰奖励,2004年获得全国"五一劳动奖章",2005年获得全国"劳动模范"称号。

1974年,只上过一年半初中的许振超进入青岛港,当上了一名普通的码头工人。许多人认为,搬运工不会有什么大作为。可许振超相信:"咱当不了科学家,但可以练就一身绝活儿,做个能工巧匠,无愧于时代,无愧于港口的培养。"

许振超是这样想的,也是这样身体力行地实践的。他在本职工作岗位上,不断学习,提高自身素质,通过努力,他成了爱岗敬业的"工人专家"。在他的带领下,青岛港创造出世界一流的装卸效率,连续刷新集装箱单船装卸作业效率的世界纪录。

许振超是新时期产业工人的优秀代表,他立足本职工作,在普通的职业岗位上做出了不平凡的业绩。

我们看到了许振超这个码头工人的成长经历,从他的身上我们可以得到更多的激励。只要努力,我们也可以做得更好,也可以成为行业状元。

二、提高沟通能力

沟通能力就是与人相处的能力。随着社会分工的日益精细以及个人能力的限制,单打独斗已经很难完成工作任务,人际间的合作与沟通已必不可少。毕业生应该积极主动地参与人际交往,做到诚实守信、以诚待人。

不可否认,人际交往能力在我们的职业能力重要性中将占到很大的比率,很多时候不是工作能力强就能获得成功,往往人际交往中的缺陷会使得工作能力难以得到发挥,或者不能完全发挥,这方面,已经有很多很多的例子摆在我们面前。因此,我们应该在生活中多与人交流,从他们的言谈举止中学习交际中的要点,从他们经历的事情当中留意其处世之道。

三、加强团队精神的培养

注意培养自身的团队协作能力。团队协作是我们个人发展的潜在能量,它关乎到我们能走多远。俗话说:一个好汉三个帮。很多事情一个人很难完成或者会很麻烦,这时候,团队精神将是我们提高工作效率,完善工作效果的不二法门。

四、提高时间管理的能力

时间管理就是用技巧、技术和工具帮助人们完成工作,实现目标。时间管理最重要的功能是透过事先的规划,作为一种提醒与指引。

我们正处在一个激烈竞争的世界,每个人必须参与一场人生的竞赛,而这场竞赛的对手可能是你的同事,也可能是你生意场上的对手。然而,不管怎样竞争,最让你感到束手无策的一样东西——时间。时间飞逝,我们怎么跑也不能跑得比它快。你不断地去尝试走在时间的前面,例如平时做事要快一点,把工作时间延长一点,但是久而久之,到了极限,你就会变得心力交瘁。虽然你经常抱怨没有时间,但是你确实从早晨忙到晚上,甚至废寝忘食,忙到没有家庭观念,没有休闲活动。但回头来看,你仍感到非常沮丧、无奈甚至焦虑,感到时间还是不够用。

因此,培养有效地时间管理技巧对于提高职业能力至关重要。职场的成功或者失败很大程度取决于时间是否有效利用。

第三节　中职学生个人职业能力与职业的选择

一、不同职业对人的职业能力要求不同

职业能力是一个人选择职业的基本参照和就业的基本条件,是在职业中开拓进取的重要条件,也是一个人立足于社会、获取生活来源、取得社会认可、谋求自我发展的安身立命之本。

不同的职业对人的职业能力要求也有不同(表3-1)。不同的职业要求不同的职业能力,需要不同的职业能力与之相适应;即便是同一职业,由于所承担的具体职责不同,又对职业能力有着不同层次的具体要求(表3-2)。总之,任何一个职业岗位都有相应的岗位职责要求,职业能力则是胜任职业岗位工作的必要条件。所以,要根据自身所达到或可能达到的能力水平,量力而行地选择相应的职业。

因为人的职业能力有差异,求职者在寻求职业时,不能好高骛远或单从兴趣爱好出发,一定要对自己的职业能力进行客观、全面的评价。

事实上,世界上既没有无所不能的人,也没有一无是处的人,要相信"天生我材必有用"。因此,要时常用"我能干什么"的眼光全面审视自己,"我能干什么"是一个人对自己的能力与潜力的全面总结。只有了解清楚自己的能力倾向,弄清自己的能力优势在哪里,并搞清楚不同职业的能力要求后,才能找到最适合自己能力的职业。

所以说,了解自己的能力倾向及不同职业的能力要求,对合理地进行职业选择具有重要意义。如果需要的话,可以由职业指导人员协助分析,根据其学历状况、职业资格、职业实践和职业背景来确定一个人的职业能力,必要时可以通过心理测试作为参考。

俗语说,尺有所短,寸有所长。我们要在基本清楚自己的特长、职业能力之后,再进一步选择职业和确定职业方向,要相信总会有最适合自己能力的职业。

表3-1　职业能力类型特点及其适应的职业类型

职业能力类型	特点	适宜的职业类型
操作型职业能力	以操作能力为主,是运用专业知识或经验,掌握特定技术或工艺,并形成相应的职业技能与技巧的能力	打字、驾驶汽车、种植、操作机床、控制仪表等

职业能力类型	特点	适宜的职业类型
艺术型职业能力	以想象力为核心,是运用艺术手段来再现现实生活和塑造某种艺术形象的能力	写作、绘画、演艺、美工等
教育型职业能力	是运用各种教育手段传授知识和思想或组织受教育者进行知识与态度学习的能力	教育、宣传、思想政治工作等
科研型职业能力	以创造性思维为核心,是通过实验研究、社会调查和资料检索等手段进行新的综合、发明与发现的能力	研究、技术革新与发明、理论研究等
服务型职业能力	以敏锐的社会知觉能力和人际关系的协调能力为主,是借助人际交往或直接沟通使顾客获得心理满足的能力	商业、旅游业、服务业等
经营型或管理型职业能力	以决策能力为核心,是能够广泛的获得信息,并以此独立的做出应变、决策或形成谋略的能力	经理、厂长等管理领域及各行业负责人
社交型职业能力	以人际关系协调能力为核心,是指深入人情世故,能够掌握人际吸引规律,善于周转、协调,并能够使对方通力合作的能力	联络、洽谈、调解、采购等

表3-2 特殊能力与职业适宜性对照表

职业能力类型	特点	适宜的职业类型
语言表达能力	指对词的理解和适应能力,对词、句子、段落、篇章的理解能力,以及善于清楚而准确地表达自己的观点	教师、营业员、服务员、护士等
算术能力	指迅速而准确的运算的能力	会计、出纳、统计、建筑师、药剂师等
空间判断能力	指能看懂几何图形、识别物体在空间运动中的关系、解决几何问题的能力	医生、裁缝、电工、木工、无线电修理工、机床工等

职业能力类型	特点	适宜的职业类型
形态知觉能力	指对物体或图像的有关细节的知觉能力,如对于图形的阴暗、线的宽度和长度做出视觉的区别和比较,能看出细微的差异	生物学家、建筑师、测量员、制图员、农业技术员、动植物技术员、兽医、药剂师、画家等
事务能力	指对文字或表格式材料细节的知觉能力,发现错字或正确的校对数字的能力	设计人员、出纳、会计、文秘等
动作协调能力	指迅速准确和协调的做出精确的动作及运动反应能力	驾驶员、飞行员、运动员、舞蹈家等
手指灵巧度	指手指迅速准确和协调的操作小物体的能力	外科医生、雕刻家、画家、纺织工等
手腕灵活度	指手灵巧而迅速活动的能力	运动员、舞蹈家、画家等

二、个人职业能力与职业的选择

当我们在学校完成学业走向社会后,就将面临着人生的一次重大选择:职业选择。怎样选择适合自己的职业,无论是对即将离开学校要初次选择职业的人,还是对因种种原因需要重新选择职业的人,都是至关重要又特别困难和复杂的问题。能否选择到最适合自己的职业,取决于有哪些可以选择的职业或工作,以及怎样进行选择这两方面内容。

(一) 选择职业的基本依据

一个人选择了某种职业而没有选择其他职业,有时从表面上看似乎是偶然的,但就多数情况而言,还是依据一些与职业有关的要素来进行的。人们在选择职业时要考虑的因素往往很多,但有些属于表面上和在短期内考虑的因素,就其根本来讲主要有以下三个基本依据:

1. 性格与职业选择的吻合　面对职位,我们应该首先弄清楚自己是不是适合。职场的经验教训告诉我们,选择并不需要改变自己为人处世的风格,不需要扮演不是自己的角色,选择与自己的性格相吻合的职业,对于个人的发展非常重要。

所谓性格与职业吻合,就是强调在选择职业的时候必须考虑到自己的性格特征与职业的特征是否相符,自己是否具备从事职业所需要的性格特征。为什么要强调这一点呢? 从职业要求的角度看,各种职业的工作性质、社会责任、工作内容、工作方式、服务对象和服务手段均不同,决定了它对从业者的性格具有不同的要求。从个体的角度看,性格中对劳动、对工作态度的成分,直接影响到职业的选择和职业的成就。性格中反映对他人、对自己和对集体态度的成分,也往往影响到职业的选择和成就。性格中的意志成分也同职业的选择与成就密切关系。

十二种典型性格的人及其适合的职业：

（1）刚毅型：具有刚毅性格的人大都锋芒毕露喜欢独自决断。因此他们适合开拓性和决策性的职业，不适宜从事机械性、服务性的工作也不适宜从事要求细致的工作。比如政治家、社会活动家、行政管理、群众团体组织者等。

（2）温顺型：温顺性格的人适合从事文学艺术、幼儿教育、财务和护理等多项职业，不适合从事要求能作出迅速、灵活反应的工作。比如秘书、护士、办公室职员、翻译人员、会计师、税务、社会工作者或专家型工作者如咨询人员、幼儿教师等。

 轶事集萃

安徒生的性格里却充满了温顺与善良，他拥有一颗不泯的童心，苦难没有击垮他，他以他的美丽童话征服了全世界。他曾从事演员、木匠、唱歌这些职业，但无一例外地失败了，其最主要原因在于他的性格并不适合这些职业。最终，他走上了契合自己性格的文学创作之路，并在这一领域取得了无与伦比的成功，直到今天，安徒生的童话仍然是一座高峰，常人难以望其项背。

（3）固执型：固执性格的人擅长独立和负有职责的工作，他们长于理性思考办事踏实稳重兴趣持久而专注。他们特别适合科研、技术、财务等工作，不适合做需与人打交道、变化多端的工作。

（4）韬略型：韬略性格的人适合去做一些挑战性的工作，却不适合从事细致单调环境过于安静的职业。典型的职业有政府官员、企业领导、行政人员、管理人员、新闻工作等。

（5）开朗型：开朗性格的人比较适宜从事商业贸易、文体、新闻、服务等职业，但不适宜做与物打交道的技术性或操作性工作。

（6）勇敢型：勇敢是警察、企业家、领导者、消防员、军人、保安、检察官、救生员、潜水员等不可缺少的性格。

（7）谨慎型：性格谨慎的人思维缜密办事精细、周全。十分适宜高级管理者、会计、银行职员、出纳、统计、秘书、参谋、科研等职业。

（8）急躁型：这种性格适合做刺激性强而富于挑战性的工作。典型的职业有记者、推销员、采购员、消防员、导游、节目主持人、演员、模特等。他们不适合做整天坐在办公室里或不走动的工作。

（9）狂放型：对于性格狂放的人来说，最适合他们的职业莫过于音乐、文学和艺术，最不适合他们的职业则莫过于从政和经商。

（10）沉静型：性格沉静的人适合从事一些相对稳定的职业如医生、工程师、教师、会计、出纳等，却不适合做富于变化和挑战性大的工作。

（11）耿直型：具有这种性格的人适合从事具有冒险性、探索性或独立性的职业比如演员、运动员、航海、航天、科学考察、野外勘测、文学艺术等,但不适宜从事政治、军事等原则性强、保密性强的职业。

(12) 善辩型:善辩性格的人有较强的社交能力适合从事公关、营销、广告、经纪人、调解员等与外界广泛接触的职业,但不适宜从事科研、财务等要求严谨细致的工作。

2. 兴趣与职业选择的吻合

无数人的职场经验也证明,在影响人们职业生涯发展的众多主观因素中,兴趣就像一双无形的手,所起的作用是最大的。

兴趣与职业之间大致存在下列对应关系:

(1) 制图、工程技术、建筑设计、机器制造等工作岗位,要求从业者喜欢与具体事务打交道。

(2) 推销员、服务员、教师、演艺人员、公关人员、导游、商品经营者和行政管理人员等职业要求从业者喜欢与人交往。

(3) 律师、咨询员、医生、护士、家政服务员等职业要求从业者喜欢从事社会福利和助人的工作。

(4) 心理学、政治学、人类学岗位,要求从业者喜欢研究人的心理状态和行为。

(5) 生物学、化学、工程学、地质学的研究和探讨工作,要求从业者喜欢理论分析和独立地解决问题,喜欢进行实验。

(6) 车辆驾驶、机器操作与维修、建筑施工、矿藏开采等工作,要求从业者喜欢动手和创新。

(7) 室内装饰、美术设计、美容美发、手工制作、种植业、养殖业等工作,要求从业者喜欢从事能很快看到自己劳动成果,看得见、摸得着的工作。

3. 职业的等级水平与职业选择的吻合　职业的等级水平所指的是,为了能够从事这种职业,需要接受的教育和培训,或者掌握的知识和技能水平。是需要大学毕业水平,还是需要接受过中等级别的培训,或者只需要具有从事工作的一般知识和技能水平,等等。

4. 职业的性别种类与职业选择的吻合　职业的性别种类是指相应的职业被视为只适合男性或只适合女性的职业。许多人对适合于男性或女性的职业往往有一个非常确定的想法。

(二) 选择适合自己的职业

选择职业是一个过程,为了能选择到最适合自己的职业,按照一定的逻辑步骤来进行这种职业选择是非常必要的。在选择职业过程中,一般可以按以下六个步骤来进行:

1. 自我进行评价　选择职业过程所要经历的第一个步骤就是对自我进行评价,通过自我评价来确定自己对哪些种类的工作感兴趣,以及对自己具有现实可能性的工作处在哪种等级上。这种自我评估将使人们能把注意力集中在自认为适合及可能的工作上。

2. 对尽可能多的工作种类进行考查研究　通过选择职业的第一个步骤,你将知道把自己选择职业的焦点放在哪里,下一个步骤就是要对尽可能多的工作种类有初步的了解。

这一步骤将使你确信自己没有忽略掉任何一种可能非常适合自己的工作。

3. 了解可能适合自己的工作　在对尽可能多的工作种类进行考察研究时,你将能把这些工作中的绝大多数排除掉。许多可能处在低于或高于你实际要瞄准的等级上,更多的可能明显不令你感兴趣。

4. 缩小可能适合自己的工作种类的范围　对上一个步骤中所确定的可能适合自己的10~20种工作,要进一步缩小它的范围,以形成最终决策的候选工作种类。

在这一步骤中,通过对可能适合自己的10~20种工作中的每一种工作提出以下两个问题:第一,这种工作是你感兴趣的工作吗? 第二,这种工作处在适合自己的工作等级上吗? 你将能确定这些工作中的哪些应该是自己的候选工作种类。一般而言,可以列出5、6种候选工作种类。

5. 收集候选工作的具体信息　在以上几个步骤中,你所依赖的是对工作的一般性了解。现在进入了关键性步骤,你要知道你的这些候选工作实际需要做什么? 你能承担得了为做这些工作所需接受培训的费用和时间吗? 以及为做这些工作你是否需要重新安置自己? 等等。收集这种具体信息是选择职业过程中的一个关键性步骤。

这种信息将使你能审查自己是否真的喜欢这些候选工作,如果不做这种审查,你将不知道自己对这些工作的想法是否正确。收集这种信息的方法有很多,包括阅读有关方面的参考书、在计算机数据库及网上查找和对有关专家进行咨询等,但最好的方法就是观察其他做这些工作的人的实际操作,或直接与他们交谈。

6. 选择最适合自己的工作　在经过以上几个步骤之后,你就为选择最适合自己的职业做好了准备。你已经对自我进行评价;对尽可能多的工作种类进行了考察研究;确定了可能适合自己的工作;缩小了可能适合自己的工作种类范围;收集了具体信息。这样,接下来的步骤就是选择最适合自己的工作,即对自己最终要选择的职业进行决策。

在这个阶段,许多人可能会选择出最适合自己的工作,而有些人则不容易做出选择。在选择职业的这个决定性阶段,一些人需要寻求帮助来做出决定。这种帮助可能来自多个方面,从发展趋势来看,职业咨询专家将成为寻求帮助的一条重要途径。

通过以上六个步骤,就可以在对自己的职业兴趣类别和等级水平进行评估的基础上,通过对各类职业进行广泛考察研究,逐步缩小自己的选择范围,最终确定出最适合自己的职业。

本章小结

一个人的职业定位是依照个人的职业能力来确定的。在求职过程中,要重视职业选择的三个基础依据,即自己的性格特征与职业的特征是否相符,自身的兴趣与职业的兴趣要求是否相吻合,自己的知识技能水平与职业等级水平是否相符。要开展职业核心能力的培养培训,更好地适应职业能力的要求,为就业创设更好的条件。

? 复习与思考

一、名词解释

1. 职业能力

2. 职业核心能力

二、问答题

1. 能力的差异有哪些?

2. 面对激烈的市场竞争,如何正确选择职业?

3. 请根据实际情况,为自己职业做一个选择,并做出分析。

（曾凡伟）

第四章 | 职业生涯规划的基本方法

04章 数字资源

古人云："凡事预则立，不预则废。"人生一旦有规划，特别是确立了适合自己的职业生涯目标，就会感到生活有意义，就会执著地去追求。如果没有规划，生活就会陷入迷茫中。职业生涯目标可以说是我们心中的指南针，奋斗的动力，它能帮助我们从现在走向未来。确立职业生涯目标对成功的人生有着非常重要的作用。同学们，你有自己的职业生涯目标吗？

第一节 确立职业生涯目标

案例

雯雯是一个普通的女孩，父亲在家开了个诊所。雯雯由于上初中时成绩平平，中考没考入高中。雯雯在父母的帮助下，仔细分析了一下自己的情况：自己虽然文化课成绩不是太好，但心细、动手能力比较强；平时耳濡目染，受父亲从医的影响，非常喜欢医学。于是，她在父母支持下，报考了省会的一所中等职业学校的康复技术专业并被录取。雯雯对康复医学比较感兴趣，在校期间学习起来很认真，专业理论知识掌握得很快，平时她也注重实践技能的训练。由于表现出众，雯雯和其他两位同学代表学校参加了省中职学校的康复技能比赛,她荣获了个人一等奖。取得初步成功后,雯雯制定了自己的目标,她打算中专毕业以后,经过考试,先取得康复保健师证书,然后参加对口升学考试,升入大专继续深造。

请问:1. 同学们,从雯雯的经历中你们有什么感悟?
    2. 你能客观地评价自我,做好自己的职业生涯规划吗?

"认识自己,方能认识人生"。作为职业生涯规划的第一步,就是要首先好好地认识和了解你自己,客观、全面地评价自己,发现自己的长处和不足,从而初步确定自己的职业生涯目标。

一、自 我 评 估

(一)自我评估的概念

自我评估就是自我评价的意思,是对自己的思想、愿望、行为和个性特点的判断和评价。它包括对自己的兴趣、性格、人格特征、世界观、人生观、价值观以及特长、潜能和专业技能职业素养等方面的评估。

恰当地认识自我,实事求是地评价自己,对自我发展、自我完善、自我调节、自我实现都有重要的意义。一个人如果不能正确的认识自我,生活中总拿自己的短处与别人的长处作比较,看不到自己的优点,觉得处处不如别人,就会产生自卑、退缩心理,做事往往会丧失信心,畏缩不前;相反,如果一个人过高地估计自己,也会变得骄傲自大、盲目乐观,导致学习和工作的失误。

我们只有认识了自我,才能对自己的职业方向作出正确的选择,才能对自己的职业生涯目标作出恰当定位,找到一条适合自己发展的职业生涯路线。

(二)自我评估的方法

我们怎样才能客观、全面地评价自己呢?目前有很多专业的心理评估机构的测试可以帮助大家客观地来认识、评价自己。科学的心理测评对认识自我是有一定指导意义的,我们可以借鉴,但是不要盲从,这是因为人本身就处于不断发展变化中,单凭一两次的心理测评来达到全面评价自己的目的,无疑是不现实的。认识自我,归根结底还是得靠自身来完成。我们可以通过以下一些途径和方法来认识自己:

1. 自省观察法 "自省"是认识自我的一种重要的方式。我国古代的思想家、教育家曾子说:"吾日三省吾身",他要求自己每天多次自觉地检查、反省自己的言行举止,明辨其中的善恶,不断修正自己,提高自己的道德水平。我们要想客观地认识自己,在生活中就必须做一个有心人,经常体察、反省自己在日常生活中的点滴表现,找出自己的优点与不足。平时要注意养成写日记、札记的习惯,用以记录自己的言行和感悟,并经常进行反思,及时进行归纳和总结。

2. 间接评判法　就是通过他人来评价、认识自己。我们生活在社会中,每天都会与不同的人打交道,发生联系,形成各式各样的关系。俗话说:"当事者迷,旁观者清",古人也说过:"以人为镜可以明得失",因此,我们在自省和总结的同时,有必要倾听一下周围的人对自己的评价,以便我们从多角度来认识自我。在倾听时,我们一定要谦虚谨慎,平心静气地听取别人对自己的评价。对于别人的赞许,我们应表示感谢;对待别人的批评和意见,我们也要坦然面对,冷静分析。感觉人家批评对的,我们要虚心接受和改正;感觉人家批评错了,也不要打击报复,有则改之,无则加勉。我们特别要多听取与自己接触比较多的人,如自己的父母、朋友、老师和同学的意见,因为他们平时对你了解得会相对深刻些,因此,他们的评价会更客观、中肯,也更具有借鉴的价值。

3. 社会实践法　我们可以通过参加各种社会实践活动,根据完成活动的过程和结果来认识自己。比如我们可以通过与他人的合作情况,来分析自己的人际沟通能力;通过自己组织开展某项活动的效果来分析自己的组织管理和协调能力;通过读书活动,发现自己的知识更新、掌握程度,以便及时查漏补缺等。通过具体的实践活动来分析自己的表现及成果,可以使我们更加客观地认识自己的能力、特长与不足。

4. 用全面、发展的眼光看自己　事物是运动变化的,人也是有两面性的。这个世界上没有十全十美的人,每个人都是优点与缺点的综合体。我们既要认识到自己的外在形象,如外貌形象、言谈举止、风度谈吐,又要认识到自己的内在素质,如学识水平、心理素质、道德能力;既要看到自己的长处和优点,也要看到自己的缺陷和不足。每个人都是向前发展变化的,我们不要轻易对自己的兴趣、能力等下结论,要不断地去实践,去尝试参加各种有益的活动,在不断实践中去发现自己新的兴趣点和能力,在实践中改正缺点,发扬优点,只有这样,我们才能不断地修正自己,完善自我。

正确地评价和认识自我是做好职业生涯规划的前提,只有明确自己的优势和不足,才能不断激发自己的内在的潜力,取长补短,实现自己的人生规划。

 职场加油站

"人贵有自知之明",出自《老子》第三十三章。所谓"自知"就是要知道自己,了解自己;把人的自知称之为"贵",是由于人不容易自知;把自知称之为"明",是因为自知是一个人智慧的体现。

二、职业环境评估

(一)职业环境的概念

对自身主观因素与外界客观因素的评估和分析是进行职业生涯规划的基础。在职业生涯规划中,客观环境就是指我们所处的职业环境。个人的职业生涯发展是在一定的职业环境下进行的,职业环境对人的职业生涯规划起着限制和制约的作用。因此,在制定职业生涯规划时,不能忽视职业环境这个因素。职业环境因素分为宏观环境与微观环境。

(二)宏观环境与职业生涯规划

宏观环境是指一个国家或地区经济社会发展变化的状况。宏观环境主要包括政治环境、经济环境、人口环境以及行业环境等。

1. 政治环境　人的职业生涯是在一定的政治环境下进行的,并深受其影响。大家在选择职业时,要时刻关注党和国家的方针政策,紧跟形势,顺应时代潮流,根据政治环境的变化适时调整自己的职业规划。如近几年我国出现的"公务员考试热",大学生志愿服务"西部"建设、下基层,国家推进的"一带一路"倡议等,对我们的职业生涯规划都起着很大的影响。

2. 经济环境　经济环境主要包括所在地区经济发展水平、收入水平、生活水平、储蓄信贷水平等因素。个人职业生涯目标的确立往往会受到本地区经济环境的影响。如在本地区经济发展、收入水平较高的情况下,我们才有可能去选择第三产业中的相关职业。

3. 自然环境　自然环境也会对我们的职业生涯规划带来影响。人在一般情况下,都会趋利避害,回避自然环境给自己的人身和职业带来的危害,同时也会最大限度地利用自然环境所带来的机遇。

4. 人口环境　人口环境是指人口的地理分布、年龄结构、婚姻状况、出生率、死亡率、人口密度、文化教育程度等人口特征。目前我国人口老龄化、城市化、流动化等已成为大趋势,在这个环境下,我们如果考虑选择一些与之相关的职业,就业渠道就会宽广些。如可以从事专门为老年人服务的行业,开办养老机构或老年康复病房等。

5. 行业环境　行业环境对职业目标的确立起着重要的作用,我们要关注当前以及未来社会急需的行业,注意该行业的市场占有率。例如,近年来,随着我国现代化进程加快,民众对健康的要求越来越高,政府加大了对康复行业的投入,鼓励更多的机构开展康复治疗,同时医疗保障也越来越多地为康复医疗支付。面对新的社会发展趋势和行业机遇,现在正是康复医学发展的大好时机,社会对康复医学人才需求量非常大。

(三)微观环境与职业生涯规划

微观环境主要包括家庭环境、学校环境和人际关系环境等。

1. 家庭环境　个人的职业规划总是同家庭环境和自身的成长经历密切相关。职业院校学生在进行职业生涯规划时,考虑较多是家庭的经济状况、家人的期望、家族文化等因素对本人的影响,只有正确而全面地评估家庭环境,才能有针对性地规划、设计适合自己的职业生涯计划。在对一所中职卫生类学校的学生调查中发现,一个班有近一半学生的亲属都是从事医学行业的。倘若自己的亲属关系中有从事相关专业的,他们一定会对我们以后的职业规划提出许多合理化的建议,给予我们帮助,也更有利于我们职业生涯目标的实现。

2. 学校环境　学校环境包括专业的发展、课程设置、学校的教学特色、学校提供的各种软硬件设施以及各种社会资源、社会实践经验、学校和社会对接能力等等。现在不少学校开展了特色校建设和产教结合的办学模式,为中职学生毕业后选择职业,尽快适应工作岗位提供了很好的帮助与支持。

3. 人际关系环境 人际关系是职业生涯中一个重要课题,也是一个人职业发展的重要资源。美国著名的人际关系学大师卡耐基说过:"一个人事业的成功,只有15%靠的是专业技术,另外85%是靠人际关系和处世技巧。"良好的人际关系是一个人生存和发展过程中一种不可或缺的因素,是一个人舒心工作、安心生活的必要条件,它对提升当代职业院校学生的个人竞争力、个人价值以及对我们的职业生涯规划都起着很大的作用。我们在日常的学习和生活中,要不断地去实践,学习与人沟通、相处的方法与技巧,和同学、朋友、师长、领导建立和谐的人际关系。

我们所处的职业环境往往会影响到自己职业生涯目标的确立,对职业环境进行客观而全面的分析、评估,能使我们在确立职业生涯目标时更具备科学性和前瞻性。

我们在确立自己的职业生涯目标时,应时刻关注职业环境的变化,适时地进行调整,及时发现机遇,使资源得到合理和最优化的配置,个人得到最好的发展。

职业目标对人生具有巨大的导向作用。可以这么说,有什么样的目标,就会有什么样的人生。

三、职业目标定位

所谓的职业目标定位,就是清晰地明确一个人在职业上的发展方向。它是职业生涯规划中非常重要的一步,是职业生涯的"镜子"和"尺子",具有灯塔和航向标的指引作用。

如果一个人的职业目标定位错误或是定位偏差较大,职业生涯就会遭遇挫折和失败,最终难以成就一番事业。反之,如果一个人职业目标定位准确,就会充分利用自己的资源,集中精力、持久地发展自己,积极抵制外界的诱惑和干扰,遇到挫折也不会轻易地放弃,最终将取得成功。很多人事业上发展不顺利并不是因为他的能力不够,而是因为他的目标定位不准确,选择了并不适合自己的职业。

选择职业目标不存在最好,而要看它是否最适合自己。在现实生活中,有的人在选择职业时,只是用得到多少报酬作为衡量的唯一标准,哪家单位给的报酬多,就去哪家单位;感觉哪家单位工作时尚,就去哪家单位。结果到头来就会发现头几年也许在待遇上会有一些差距,但是发展到后来薪酬的差距并不大。今天这个行业也许很时尚,但过几年就不时尚了;以前挣钱的行业,过几年也许挣钱就不那么容易了。也有的人选择职业目标时考虑得比较长远,选择了短期内似乎并不看好但却很有发展前景的职业。

职业发展方向不同,对人的能力的要求也不一样。有的人口才好,沟通、协调、社交能力比较强,擅长做行政管理工作,那么他以后可以向行政方向发展,将来有可能成为一个卓越的管理人才;而有的人思维缜密,做事细心,适合做研究工作,他就可以向专业技术方向发展,以后有可能成为某一领域的专家学者;还有的人头脑灵活,善于把握机会,适合经营公司、企业,以后可以成为经营类人才。

职业目标定位对一个人的职业生涯规划非常重要,如果我们在了解自己的基础上选准适合自己的发展方向,明确具体的发展目标,及时抓住机遇,扬长避短地发展自己,在职业的发展道路上就会比较顺畅,少走弯路。每个中职学生在校期间都需要考虑自己以后向哪一个方向发展问题,找出一个最适合自己的发展方向来。

四、确立职业生涯路线

(一)职业生涯路线的概念

职业生涯路线是指当确定了职业生涯目标以后,自己选择走哪一条路线去发展的问题。这就如同登山,要达到山峰的顶点,就需要选择最佳的登山路线。人们常说,条条大道通罗马,说的就是道路多、方法多、选择多的意思。但是这么多条道路,到底哪条才是到达终点的最近、最好走的路呢?这就需要我们对职业生涯路线进行一番选择,只有选对了路线,你的路才会走得比较顺利,较容易进入职业发展的快车道。反之,则会路途曲折,前程迷惘,有可能还会耽搁在路上。因此,在职业生涯目标确定之后,我们必须对职业生涯路线进行慎重地选择,以便使我们今后的学习和工作按照预定的路线和方向顺利地发展下去。

(二)选择职业生涯路线

通常在选择职业生涯路线时,我们需要考虑四个问题:

1. 我想往哪一条路线发展 主要通过对自己的爱好、兴趣、理想、职业价值、成就动机等因素进行分析,确定自己的职业生涯目标去向,即自己的兴趣在哪一方面,希望走哪一条路线。比如以后你是考虑向行政管理路线发展,还是向专业技术路线发展,或者是考虑先走技术路线,再转向行政管理路线。

2. 我适合往哪一条路线发展 这主要是考虑自己的性格、特长、经历、学历等条件,看看自己是否有这方面的特长和优势,从中分析出自己适合向哪条路线发展,确定自己的职业能力取向。

3. 我可以往哪一条路线发展 这是通过对自己身处的政治环境、社会环境、经济环境、自然环境和行业等环境的分析,确定自己的机会取向。

4. 我在哪条路线中可以取得发展 在选择了自己合适的路线以后,进行各方面的系统分析,判断自己所选择的路线以后是否有发展前景,最后通过综合研判,权衡利弊,以此确定自己的最佳职业生涯路线。

如果你对自己以后想做什么、能成为一个什么样的人、不知道如何选择职业生涯路线实现自己目标的话,也可以请教职业评估专业人员,由他们借助一些心理测量工具来帮助你了解自己、发现自己,选择一条适合自己的职业生涯路线。

(三)确定职业生涯规划路线的分析方法——SWOT 分析法

SWOT 是优势(strength)、劣势(weakness)、机会(opportunity)和威胁(threat)四个英

文字母的缩写。

职业生涯规划SWOT分析法即态势分析法,就是对个人的优势、劣势、机会和威胁进行分析,选出最可行方案的一种分析方法。

优势是自己与竞争对手相比较,处于领先的方面;劣势是与竞争对手相比较,处于落后的方面;机会是恰好给予发展的时机方面;威胁是潜在的危险方面。

优劣势分析主要着眼于自身实力与竞争对手的比较,而机会和威胁分析将注意力放在分析外部环境的变化对我们职业生涯的可能影响上面。

职业生涯规划SWOT法由美国旧金山大学管理学教授韦里克在20世纪80年代提出的,经常被用于企业战略制定、竞争对手分析等。

职业生涯规划SWOT法是针对每一个具体的职业方向来进行分析的。通过SWOT法分析,可以明确自己的优势和劣势,以及机会和存在的威胁等。我们可以用此方法让我们面对职业发展机会时进行评估,然后确定职业生涯目标,最终选择一条适合自己的最佳职业生涯路线。

(四) SWOT 法分析的步骤

SWOT 法可以分三步来进行:

1. 对外部环境与自身能力因素的调查分析　外部环境因素主要是指机会因素(O)和威胁因素(T),它们是直接影响我们职业发展的有利和不利因素,找出职业机会和威胁因素将有助于我们找到一份适合自己的职业。

能力因素是指优势因素(S)和劣势因素(W),它们是我们在发展过程中自身存在的积极因素和消极因素。生活中每个人都有自己的长处和短板,由于个人的精力、时间等有限,我们只是擅长某个领域和专业,而非样样精通。我们可以通过分析,找出自己的优势和劣势,努力改进自己的不足,提高自身素养,扬长避短,放弃自己不擅长的职业。

在调查这些因素时,我们不仅要考虑历史和现实,还需要预测未来的走向。

2. 构造SWOT矩阵　就是将上述各种因素排列在SWOT矩阵中。在排列过程中,首先要把那些对我们重要的、久远的、直接的因素找出来排在前面,把那些次要的、短暂的、间接的因素排在后面甚至略去。我们在做分析时还可以罗列出更详尽的因素,如学历、知识、能力、技能、兴趣、性格、经验、人脉等,以便进行综合分析。一例卫生职业院校学生的SWOT分析框架见表4-1和表4-2。

表4-1　构造卫生职业院校卫生SWOT矩阵外部因素

机会因素(O)	威胁因素(T)
国家经济持续高速发展,创造良好的就业机会和形势;国家出台优惠政策,鼓励中职学校学生就业;中国一线技术人员相对缺乏	我国人口众多,新增就业人口远大于国家经济发展的需求

表 4-2 构造卫生院校学生 SWOT 矩阵内部因素

优势因素（S）	劣势因素（W）
通过 3、4 年学习，具备了比较扎实的基础知识，动手能力较强；自己有较强的职业技能、天赋和能力；通过在校期间组织参加各类实践活动，自己的社会实践能力不断增强	专业知识覆盖面较窄，可能影响以后就业；平时面试经验少，为人处世、人际交往能力不足；实践工作经验少，对职业环境缺乏深入的了解

3. 确定行动对策，制定行动计划 这一步骤的指导原则是充分发挥自己的优势，克服劣势；利用一切机会，化解面临的威胁；立足当前，着眼未来。如果将矩阵的各种因素相互匹配，加以分析，我们就可得到一系列可供选择的对策：

（1）SO 对策：它看重考虑的是优势因素和机会因素，目的是使二者的有利影响趋于最大化，也就是"最大和最大"的策略。

（2）ST 对策：它着重考虑的是优势因素和威胁因素，目的是使前者的有利影响趋于最大化，使后者的不利影响最小化，也就是"最大和最小"的策略。

（3）WO 策略：它着重考虑的是劣势因素和机会因素，目的是使前者的不利影响趋于最小化，使后者的有利影响趋于最大化，也就是"最小和最大"的策略。

（4）WT 策略：它着重考虑的是劣势因素和威胁因素，目的是使二者的不利影响趋于最小化，也就是"最小和最小"的策略。

我们在分析、确定策略时，不能把以上几种策略割裂开来，而是要综合运用，要根据各种因素的具体情况，重点应用其中的一个或几个策略。

确定职业生涯规划路线是项比较辛苦的工作，需要我们花大量的时间来搜集、整理资料，进行综合分析，但是功课做得越多、越细，对自己今后的职业生涯发展也越有帮助。大家不妨试着用职业生涯规划 SWOT 法对自己进行一次职业生涯规划路线分析，明确自己的优缺点，找出自己职业道路上的机会与威胁，尽可能地发挥自己的长处和优势，抓住机会，准确定位自己的职业目标，确定职业生涯路线。

五、确立职业生涯目标遵循的原则

确立职业生涯目标应从生活发展需要出发，正确认识自身的条件与相关环境，从专业、兴趣、爱好、特长、机遇等多方面来考虑，最终确定自己的未来发展方向。在确立职业生涯目标时，一般应遵循以下基本原则：

1. 择己所爱的原则 兴趣是成功之母。调查表明，兴趣与成功概率有着明显的正相关性。选择一项你所喜欢的工作，工作本身就能给你一种愉悦感和满足感，你的职业生涯也会从此变得妙趣横生。在设计自己的职业生涯时，一定要珍惜自己的兴趣，优先考虑自己的特长，择己所爱，选择自己内心真正喜欢的职业。

2. 择己所长的原则　任何职业都要求从业者掌握一定的技能,具备一定的职业能力。但一个人时间、精力和爱好有限,一生中不可能将所有技能都全部掌握。因此,在进行职业选择时,应按照"择己所长、扬长避短"的原则进行具体的职业定位,选择自己擅长的行业,这样更有利于发挥自己的特长与优势,以后工作更能取得成效。

3. 择世所需的原则　如今,我们所处的社会正处于日新月异的变化中,旧的社会需求、行业消失,新的需求、行业也在不断地产生。在确立自己的职业生涯目标时,我们要把眼光放远一点,不仅要仔细分析当前的社会需求,还应准确地预测未来社会、行业的发展方向,要选择社会急需的、有发展前景的职业。

4. 择己所利的原则　职业从某个意义来说,它是个人一种谋生的手段,其目的在于满足温饱,追求个人的幸福。在确立自己的职业生涯目标时,我们也要考虑自己的预期收益:一个人幸福的最大化。明智的选择是在由收入、成就感和工作付出等变量组成的函数中找出一个最大值,这就是遵循选择职业生涯中的收益最大化原则。

5. 坚持发展的原则　任何事情都不是一成不变的,随着经济和社会职业环境的发展变化,我们自身在思想观念、心态、知识结构、能力和人际关系社会关系等方面都会发生新的改变。为了适应这些变化,我们每个人的职业生涯目标和实施策略也要随情况和环境的改变做相应的变化和调整。

确立职业生涯目标,是职业生涯规划设计的核心。一个人事业的成败,很大程度上取决于是否确立了正确的、适合自己的职业生涯目标。

第二节　制定计划与实施行动

制定职业生涯计划主要目的是在于为未来的就业和事业发展做好准备。职业院校学生从入校开始就应及早谋划,科学地设计自己的职业生涯目标,制定缜密的职业生涯计划,并积极付诸行动,这不仅有利于中职学业的圆满完成,更有利于自己正确把握人生方向,顺利走上就业岗位,创造成功的人生。

众多心理学实验证明:当人们的行动有了明确目标,并能把自己的行动与目标不断地加以对照,进而清楚地知道自己的行进速度和与目标之间的距离,人们行动的动机就会得到维持和加强,就会自觉地克服一切困难,努力达到目标。

要达到目标,就要像上楼梯一样,一步一个台阶,把大目标分解为多个易于达到的小目标,脚踏实地向前迈进。每前进一步,达到一个小目标,就会体验到"成功的喜悦",这种"感觉"将推动他充分调动自己的潜能去达到下一个目标。

很多人也有自己的目标,但总是觉得距离目标很遥远,无法达到,其实,很多时候目标并不是遥不可及,而是由于没有进行目标分解的缘故。

一、分解职业生涯目标

我们可以想象一下,在我们面前有一棵枝繁叶茂的大树,从树干开始,会有若干个树枝,每个树枝会有更小的树枝,树枝上有若干的叶子。在职业生涯规划中,我们将树干比喻成大目标,每个树枝代表小目标,叶子则是更小的目标。职业生涯目标分解就是将人生目标分解成可以完成的一个个小目标,把长远目标分解成可以实现的短期目标,把总目标分解成一个个具体的子目标。

目标分解是为了使目标的实现具有可操作性。只有短期目标和子目标完成了,长远目标和人生目标才有可能实现。比如,你将来如果立志要成为一家医院的护士长,首先就要进入一所医学院校的护理专业进行学习,完成在校所有课程的学习和实习任务,然后要报考全国护士执业资格考试且成绩合格,并成功在医院就业。我们通过这样分解的方式可以将目标由整化零,变成一个个容易实现的小目标,然后各个击破,最后抵达自己的人生目标。

职业生涯目标可以按性质和时间两种方法来进行分解。如果按性质来分解,职业生涯目标可以分为外生涯目标和内生涯目标。

1. 外生涯目标 一般是具体的,包括工作单位、工作职务、工作内容、工作环境、工作地点、工作收入、福利待遇、声望、职位等。外职业生涯目标是由别人给予的,也容易被别人收回。

2. 内生涯目标 是指从事一项职业时自身所具备的知识、观念、经验、心理素质、能力、内心感受等因素的组合及其变化过程。内职业生涯目标包括观念改善、掌握新知识、提高心理素质和工作能力、工作成果、处理与他人的关系等。内职业生涯因素不是靠别人赐予的,而是自己通过努力获得的,一旦获得后,别人是拿不走的。

如果按时间来分解,职业生涯目标可以分解为短期目标、中期目标、长期目标和人生目标。

二、制定职业生涯计划

(一)制定职业生涯计划的步骤

1. 正确进行自我评价 自我评价就是要全面了解自己。一个有效的职业生涯设计应该是在充分、正确认识自身条件与相关环境的基础上进行的。要正确、客观地评价自己、认识和了解自己,首先就需要收集、分析与自己相关的信息,特别是与自己的职业生涯息息相关的信息,比如自己的兴趣、特长、性格、学识、技能、智商、情商、思维方式、价值观等,对"我到底是谁"有一个客观、中肯的认识。要弄清楚并回答"我想干什么、我能干什么、我应该干什么、在众多的职业面前我会选择什么?"等问题。在整个职业规划流程中,正确的自我评价是最为基础、最为核心的环节,这一环做不好或出现偏差,就会导致整个职业生涯规划中其他环节出现问题。

2. 正确评估环境　职业生涯规划还需要我们充分认识和了解相关的环境、评估环境因素对自己职业生涯发展的影响、分析环境条件的特点、发展变化情况、把握环境因素的优势与限制、了解本专业、本行业当前的地位、形势以及将来的发展趋势等。

3. 确定职业生涯目标　确定职业生涯目标是制定职业生涯规划的关键和核心。一个人事业的成败,很大程度取决于有无正确的职业目标。职业生涯目标是以自己最适合的兴趣、性格、才能、价值观和外部环境等为依据来进行设定的。通常职业生涯目标分为短期目标、中期目标、长期目标和人生目标,短期目标又可分解为年目标、月目标、周目标和日目标。长期目标需要个人经过长期艰苦努力、不懈奋斗才有可能实现,确立长期目标时要立足现实、慎重选择、全面考虑,使之既有现实性又有前瞻性。短期目标更具体,对人的影响也更直接,它是长远目标的组成部分。人生目标是人一生的职业发展目标。

4. 做出职业定位　职业定位就是要为职业目标与自己的潜能以及主客观条件谋求最佳的匹配。良好的职业定位是以自己的最佳才能、最优性格、最大兴趣、最有利的环境等信息为依据的。职业定位过程中要考虑性格与职业的匹配、兴趣与职业的匹配、特长与职业的匹配、专业与职业的匹配等。

5. 实施行动策略　职业生涯目标确定后,并不意味着职业生涯规划已经结束,接下来更为关键的是要付诸行动,不实施行动,职业目标只能是一种空话,前期所做的选择和决定是没有任何价值和意义的。我们要制定实现职业生涯目标的实施行动方案,要有具体的行为措施来保证,要制定周详的行动方案,更要注意去落实这一行动方案。

(1) 培养立即行动的习惯:很多时候虽然我们制定了较为详细的计划,但却总是拖拖拉拉,迟迟不去行动,最终在懈怠中让自己的计划付之东流。当今社会竞争激烈,机会稍纵即逝,我们制定目标后,一定要立即行动,不能拖延,否则将失去实现目标的机会,最终落得一事无成。

(2) 养成持之以恒的习惯:职业目标的实现需要立即行动,但仅有行动是远远不够的,更重要的是坚持,切忌三天打鱼,两天晒网,半途而废。我们要坚持把每一天的事情做好,坚持完成自己每周制定的计划,坚持完成每月的计划,长此以往,就会不断接近我们设定的短期、中期、长期和人生目标。

6. 评估与调整　要使职业生涯规划行之有效,就必须对职业生涯规划不断地进行评估与调整。在人生发展过程中,影响职业生涯规划的因素很多,社会环境的巨大变化和一些不确定因素的存在,以及我们自身各方面都会随着时间的推移而发生相应的变化,这样可能会使我们目前的情况与原来制定的职业生涯目标与规划有偏差,这时就需要对职业生涯目标与规划进行评估和适当的调整,以使其更好地符合自身的发展和社会的需要。

(二) 制定自己的职业生涯计划

在制定职业生涯计划时,常常采用的是一种有关 5 个 "W" 的思考的模式。只要通过问自己以下几个问题,找到它们之间的最高共同点,你就可以制定自己的职业生涯规划。

1. 你是谁?（Who are you？）

首先问自己,你是谁? 你是个什么样的人? 这是一个自我分析的过程。分析的内容包括个人的兴趣爱好、性格倾向、身体状况、教育背景、专长、过往经历和思维能力,这样可以对自己有个全面的了解。

2. 你想干什么?（What do you want？）

你想干什么? 这是目标展望过程,包括自己的职业目标、收入目标、学习目标、名望期望和成就感。要注意的是学习目标,我们只有不断确立更高的学习目标,才能不被激烈的市场竞争所淘汰,才能不断超越自我,攀登更高的职业高峰。

3. 你能干什么?（What can you do？）

你能干什么? 问一下自己专业技能在哪里? 你现在具备哪些专长和知识技能? 有没有学以致用? 个人有没有一定的工作经历和经验? 你能够做些什么?

4. 环境支持或允许你干什么?（What can support you？）

环境支持或允许你干什么? 什么是你的职业支撑点? 你具有哪些职业竞争能力? 你有哪些社会资源? 家庭、学校以及社会资源,都能够影响到你以后的职业选择。

 职场加油站

人生成功的三大资源:不管做大事小事,每个人都离不开三大资源的支持。第一个资源,是亲情资源;第二个资源,是朋友的资源;第三个资源,就是社会资源。

5. 什么是最适合你的?（What fit you most？）

什么是最适合你的? 社会上行业和职位众多,哪个才是最适合你的? 选择最好的并不是合适的,选择合适的才是最好的。

通过以上的回答,你就能够做出一个自己的职业生涯规划了。一个人如果有了自己的职业生涯规划,学习、生活就有了目标、有了动力,就不会迷失前进的方向。

三、实施行动策略

策略就是解决一件事的有针对性、有组织的、有步骤的方法。我们在确定了职业生涯目标后,怎么做才能实现自己的目标呢? 实施行动策略便成了关键的一步。没有行动策略,目标就难以实现。作为中职学校的学生,我们怎样确定自己的职业生涯行动策略呢?

（一）规划职业生涯发展阶段,制定行动方案

作为职业院校学生,在实践自己的职业生涯规划时,可按照学习重点与心理特征的不同,分成四个阶段来制定行动方案,进行策略实施:

1. 第一阶段——探索期 职业院校学生在探索期的阶段目标是：职业生涯认知和规划。要实现这一目标，可从五个方面努力：

(1) 完成角色转变：尽快完成中学生向职业院校学生角色的转变，尽快适应新的学习方法，新的生活环境，尽快融入到新的集体中，重新确定自己的学习目标和要求。

(2) 开始初步设计：开始接触职业和职业生涯的概念，重点了解自己未来所希望从事的职业或与自己所学专业对口的职业，多向往届毕业生或学校的就业部门咨询就业方面的问题，进行初步的职业生涯设计。

(3) 尽快融入新生活：熟悉校园环境，建立新的人际关系，尽快融入到职业院校学生生活中去。

(4) 学习本领，掌握技能：认真学习，掌握好专业基础知识，加强普通话、计算机的学习，掌握现代职业者所应具备的最基本技能。

(5) 全面提高能力：积极参加社会实践活动，加入自己感兴趣的社团，尽可能全面地锻炼自己的能力。

2. 第二阶段——定向期 职业院校学生在定向期的阶段目标是：初步确定就业方向以及相应能力与素质的培养。要实现这一目标，应从四个方面努力：

认识自己的需要和兴趣，确定自己的价值观、动机和抱负。

以提高自身的素质为主，通过参加学生会、团委或社团等组织，培养锻炼自己的组织领导能力、团队协作精神，同时检验自己的知识技能。

思考未来的就业方向，开始尝试兼职、社会实践等活动。可在课余时间从事与自己未来职业或本专业有关的工作，提高自己的责任感、主动性和抗挫折能力，不断总结职业经验教训。

增强普通话和计算机的应用能力，争取通过普通话和计算机的相关证书考试。

3. 第三阶段——准备期 职业院校学生在准备期的阶段目标是：通过掌握求职技能，为择业做好准备。应着手做好以下工作：

(1) 获得相关证书：在加强专业知识学习的同时，考取与目标职业有关的职业资格证书或通过相应的职业技能鉴定，如护士执业资格证、康复保健师证书等。

(2) 培养求职能力：进一步树立科学的就业观念，开始学习撰写个人简历、求职信，学习面试知识、求职礼仪和求职技能。

(3) 了解和搜集就业信息：如向已经毕业的校友了解往年的求职情况，加入校友网络平台，参加与专业有关的假期实践，同老师与同学交流求职工作心得体会等。

4. 第四阶段——冲刺期 职业院校学生在冲刺期的阶段目标是：成功就业。在这个阶段职业院校学生的毕业方向已经确定，大部分学生的目标应该锁定在工作申请及成功就业上，宜着手做好以下事情：

审视自己的职业目标是否明确，就业期望是否恰当，所作的准备是否充分。

主动参加就业、创业讲座，积极参加模拟招聘，提高自己的择业技巧。

重视实习机会，通过实习从宏观上了解就业单位的工作方式、运转模式、工作流程，从微观上明确个人在岗位上的职责要求及规范，为正式走上工作岗位奠定良好基础。

精心设计、制作求职材料，开始毕业后工作的申请，主动了解就业指导中心提供的招聘信息，积极参加招聘活动，落实就业单位。

（二）管理好职业生涯规划，让自己的生活更精彩

1. 学习管理　任何人在职业生涯发展中都离不开学习，学习给人带来无限发展的可能。中职学生处于一生中学习的最佳时期，我们要学会对学习进行管理，养成良好的学习习惯，不断增加新知识、新技能，为自己的职业生涯发展注入新的动力。我们既要认真完成校内的学习任务，也要重视毕业后的再学习，现在的学习是为将来的学习、就业做准备；我们既要重视理论知识的学习，也要重视专业技能的培养，还要重视职业道德修养和综合素质的提高。在管理学习时我们应注意几点：

（1）明确学习的重要性：学习兴趣不仅来自于自己对某一知识内容的特殊爱好，也来自于对学习的重要性的理解。事实上，学习可以让我们有一技之长，具备一种谋生的本领，能立足社会，还可以开阔视野，愉悦身心，提高自己的生活质量。

（2）明确学习目标：学习也是职业生涯规划中的一部分，我们要以未来职业的需求为核心来确定自己的学习目标，制定的学习规划、职业规划应该与职业目标相一致。平时学习中我们不少同学学习成绩不理想，这与学习目标不明确甚至没有学习目标有很大的关系。

（3）制定可行性的学习计划：学习计划就是解决何时学，学多长时间，达到什么样的学习效果的计划。我们可以把自己总的学习目标分解成具体的学习任务（小目标），这样便于逐一完成，也便于经常检查自己的学习效果。比如你在学习外语时，不妨先看看，一个学期需要记忆多少单词，然后分配到每一天。这样分配以后，也许我们每一天也就只需要记忆两三个单词就行了。通过任务的分解，以前看似非常多、非常繁重的任务也不显得那么多和重了。制定了学习计划后，记得一定要去落实，要持之以恒，严格遵守，按时完成，只有这样才能收到预想的效果。

（4）构建合理的知识结构：所谓合理的知识结构，就是指一个人既要有精深的专业知识，又要有广博的知识面。诺贝尔物理学奖获得者李政道博士说："我是学物理的，不过我不专看物理书，还喜欢看杂七杂八的书。我认为，在年轻的时候，杂七杂八的书多看一些，头脑就能比较灵活。"职业院校学生学习过程中要注意构建符合自己事业发展和实际需要的最合理、最优化的知识结构，防止知识面过窄。当然，建立合理的知识结构是一个复杂长期的过程。

（5）培养职业所需要的实践能力：综合能力和宽广的知识面是用人单位选择人才的重要依据。一般来说，进入岗位的新人，应着重培养满足社会需要的决策能力、创造能力、社交能力、实际操作能力、组织管理能力以及心理调适能力和随机应变的能力等。

（6）参加有益的职业训练：职业训练包括职业技能的培训、对自我职业的适应性考

核、职业意向的科学测定等。我们可以通过学校和政府组织的"三下乡"活动、"青年志愿者"活动、毕业实习、校园创业活动以及从事社会兼职、模拟性职业实践、职业意向测评等进行一系列的职业训练,提高自己的职业能力。

2. 时间管理　俗话说:"一寸光阴一寸金,寸金难买寸光阴"。时间对于每个人来说都是公平的,时间利用的优劣直接关系到一个人的学习效率和职业生涯规划的成败,我们要想提高效率,完成自己的职业生涯规划,就必须做时间的主人。

(1) 分清事情的轻重缓急:人们常用"四象限"法来排列事情的轻重缓急:

重要而紧急的事情要立刻去办,因为稍加拖延就会贻误时机,这类事情要把它放在首要的位置;紧急但不重要的事情,由于要求时间紧,需要赶快采取对策和行动;重要而不紧急的事情,它虽有长远的意义,但不需要马上去完成,可以把它放在时间安排中的较重要位置,并尽可能多地投入时间和精力去完成它;不紧急也不重要的事情,并不是不需要去做,而应该把它放在时间安排的最后位置,比如闲暇时给父母、同学、朋友、亲友打个电话、发个邮件、短信等,看似这些不太重要的事情但却可以联络感情、巩固友谊、亲情,维持自己的社会支持系统;而像看电影、看电视等娱乐活动,虽然看似不太重要,但却也可以娱乐身心、减轻压力、放松精神,我们可以把这类事情安排到最后,同时应该严格限定时间,以免沉溺于其中,以致把许多重要、紧急的事情抛掷脑后。

(2) 善于利用零散时间:比如我们计划 1 小时完成的事情,赶一赶,50 分钟就可以完成了,那么剩下的 10 分钟就属于零散时间。这 10 分钟我们就可以利用起来做许多有意义的事情,比如可以背几个单词、看一会儿书、打扫一下房间、整理一下书桌、洗洗衣服等等。时间也是积少成多,一旦养成了善于利用零散时间的好习惯,你就会发现能做很多事。

3. 健康管理　拥有一个健康的身体是从事职业生涯活动的前提和保证,进行健康管理要做到:

(1) 培养良好的生活习惯,摒弃一些不健康的生活方式。

平时要做到早睡早起,保证充足的睡眠,合理安排自己的作息时间;饮食要均衡、合理;应适当参加运动;避免过多应酬、上网成瘾等不良生活习惯。

(2) 建立青年人提早保健的观念。

很多年轻人自恃年轻,身体强壮,不需要保健,这种观点其实是非常错误的。很多事实说明,只有在年轻时保持一个健康的身体,才会有健康的中年和老年,我们在青年时期就要学习一些身体保健知识、心理健康常识,保持身心健康。

(3) 减轻心理压力,保持心理平衡。

心理素质是影响一个人职业生涯发展的一个重要因素,只有具备了良好的心理素质,才会充满朝气与活力,才会拥有一个积极、健康向上的心态,实现人生目标才会有希望。面对日益激烈的竞争环境,我们有时会对自己职业目标的选择、计划的实施感到迷茫、紧张、忐忑不安甚至恐惧,这都属于正常心理反应。我们要做的是要正视现实,不逃避、畏惧面临的困难;要正确对待挫折,克服自卑与自负心理;降低过高的期望值,增强自信心;要妥善控制自己负面情绪,采用适当的方式给自己减压;要知足常乐,经常保持良好的情绪状态和心理平衡,以健康的心理去迎接挑战。

总之,职业院校学生应从入校开始就应考虑设计自己的职业生涯规划,并积极付诸行动,这不仅有利于职业院校学生在校学业的圆满完成,更有利于自己正确把握人生方向,顺利走上就业岗位,创造成功的人生。

 轶事集萃

一个在商场失败的伟大作家

马克·吐温作为职业作家和演说家,在文学领域和演说领域取得了极大的成功,成为世界范围内受人尊敬的文学家和演说大师。但是,在他选择文学之前,他曾经试图成为一名商人。他先是投资开发打印机,花费了整整3年的时间,最后把千辛万苦借来的5万美元全部赔光了。

经过经商失败的打击,马克·吐温猛然醒悟:自己根本没有经商的才能,自己的才华和智慧不在商场上。

他彻底断绝了经商的念头,重新回到自己驾轻就熟的演说和创作当中。他到全国巡回演说,在演说的间隙埋头写作。很快,风趣幽默的马克·吐温名声大噪,成为全国知名的演说家,脍炙人口的作品也迅速走红。

马克·吐温之所以能最终取得成功,是由于他能评估情况的变化,审时度势,重新调整了自己的职业生涯规划,制定了适合自己发展的职业目标。其实,在实际生活中,我们每个人也会遇到职业生涯的评估与调整问题。

四、职业生涯评估与调整

在实施职业生涯规划过程中,影响职业生涯规划的因素很多,有些变化因素是可预测的,而有些变化因素则难以预测,正所谓"计划赶不上变化"。要使我们制定的职业生涯规划行之有效,在职业生涯规划执行过程中,就必须经常进行回顾、反思和总结,检查职业生涯规划中的职业目标定位和职业发展方向是否适合自己,一旦发现不适合,我们就要及时地进行修正,这便是职业生涯规划的评估与调整。

(一)职业生涯规划的评估

1. 职业生涯评估　包括四个方面:

(1)对职业生涯目标的评估:看一下自己的职业目标是否符合自己的个性特征和心理特征、是否符合自己的需求和动机;职业生涯目标是不是定得过高或过低。

(2)对职业生涯路线的评估:看看自己先前选择的职业生涯路线是否适合自己的实际情况,需不需要调整发展方向。

(3)对实施行动策略的评估:主要评估一下自己制定的行动策略是否切实有效。有时我们确定的职业目标也许合适,但行动策略则与之不相匹配。

(4)对实施结果的评估:职业生涯规划经过一段实施以后,要评估它是否达到了我们所预期的效果。

2. 职业生涯评估的方法

(1)反思法:在职业生涯规划实施过程中,我们要经常思考、追问自己制定的职业生涯的计划执行情况,如制定的计划目标达到了没有? 有什么收获? 当前存在哪些问题?在实施过程中有什么体会和收获?

(2)调查法:我们在每一个短期目标实现后,需要对下一步的主客观环境、条件做一些调查、分析,看看条件是否发生了变化? 哪些变得对我们有利? 哪些变得对我们不利?总体情况如何?

(3)对比法:生活中,我们每个人都有自己的长处和优点,在进行职业生涯规划时,我们应该多比、多学、多思,多吸取别人的长处和经验教训,取长补短方能不断地进步。

(4)求教法:在生活中,反思自己有时往往比较困难,但我们周围的人却能以旁观者角度更清楚地看到我们的弱点,我们可以把自己的职业生涯规划告诉自己的家人、朋友和同学,请他们帮助参谋一下,多提些中肯的、合理化的意见。平时如果我们能主动、虚心地征求别人对自己职业生涯规划的看法,认知吸取别人的意见,往往能使我们受益匪浅。

(二)职业生涯规划的调整

在实施职业生涯规划过程中,如果职业规划与实际产生了偏差,我们就要随时来进行调整。比如,你制定的五年职业规划完成的目标,现在由于条件许可,有可能三年就可以完成,这时,我们就要缩短目标完成年限。如果当初高估了自己的能力水平或因外部环境改变,造成职业生涯目标实现起来比较困难,那么我们也要适当降低一下自己的职业生涯目标。

1. 职业生涯规划的调整　主要包括职业生涯目标的调整和职业发展行动策略的调整。

(1)职业目标的调整:是选择更适合自己的发展方向和发展目标,是调整职业生涯规划的关键。

（2）职业发展行动策略的调整：通过职业规划实施过程中的自我审视和反思来调整职业发展的行动策略，只有在求职或从业实践中得到感悟，才能使职业生涯规划更加符合自身实际。

在实践中，如果发现制定的职业生涯规划完全不适合自己，也可考虑对自己的职业目标和路线进行全面的修正，也就是重新制定适合自身发展的职业生涯规划。

2. 在哪些情况下应考虑重新进行职业生涯规划

（1）时常感觉工作状态不佳，工作起来非常痛苦。这时就需要客观地来评价一下自己。我们可以向周围的同事、朋友和亲友请教，请他们给予自己一个全面的评价，确认自己是否胜任目前从事的这项工作。

（2）工作起来感觉过于轻松，没有一丝充实感，甚至经常感觉无所事事，这可能说明你的工作能力远远超过你现在所从事的职位，有些大材小用了，这时就应该考虑重新选择与自己能力匹配的职业。

（3）对工作总提不起兴趣，工作起来索然无味，提不起任何热情，自己常常假设如果有重新选择的机会绝不会再选择这一职业。如果有这种情况，你就不应该再浪费时间，要果断地舍弃目前所从事的职业，重新选择一个适合自己的职业。

（4）在职业生活中，与工作单位的同事交往时，总感觉有些格格不入，自己感觉痛苦，但又无力解决。这说明你可能陷入了一个让自己难以施展才华的复杂环境，如果换个适合自己的职业环境也许更为现实。

职业生涯规划是一个动态的、开放的发展过程，有时变幻莫测的世界会打乱我们原本制定的职业生涯规划，使其发生偏差，偏离目标，这个时候我们就要灵活应变，对职业规划进行及时的评估与调整，使它符合新的情况和要求，最终实现我们的人生目标。

本章小结

在职业生涯规划中，职业目标、职业路线的选择是建立在正确认识自我、评估环境的基础之上的。职业目标定位对一个人的职业生涯规划非常重要，它具有航向标和灯塔的指引作用。我们每个人都需要通过对自己优势、劣势、机会和威胁进行综合分析，以确定自己的最佳职业生涯路线。

为了使职业目标的实现具有可操作性，我们需要对目标进行分解，把大目标分解成小目标，每天向前迈进一小步，逐步实现自己的人生目标。

职业生涯计划直接影响到求职就业甚至未来职业生涯的成败。一个人有了明确的职业生涯计划，生活才会有目标、有动力，才不会迷失前进的方向。

职业生涯规划是一个动态的、开放的发展过程，我们要灵活应变，对规划进行适时的评估与调整，使它符合新的情况和要求，最终实现我们的人生目标。

? 复习与思考

一、名词解释

1. 自我评估

2. 职业环境评估

3. 职业目标定位

4. 职业生涯评估与调整

二、问答题

1. 如何进行自我评估?

2. 确定职业生涯目标应遵循哪些原则?

3. 作为职业院校的学生应怎样实施自己的职业生涯行动策略?

（王济发）

第五章 ｜ 职业生涯发展与创业就业

05章 数字资源

学习目标

1. 掌握：掌握求职材料的制作方法；面试的基本程序和技巧。
2. 熟悉：创业者应具备的素质和技能；维护自身合法权益的途径。
3. 了解：就业、创业的含义；求职过程中常见的侵权行为，增强学生自我保护意识。

就业是接受职业教育的主要目的，创业是人生的梦想与追求。无论就业还是创业都是同学们人生中的重要转折，它将带来生活方式的重大变化，是职业生涯发展的重要经历和起点，是实现人生价值的重要舞台。因此，如何实现顺利就业和创业，找到一条适合自己的职业道路，是每一个毕业生必须认真思考和准备的问题。

第一节　中职学生创业就业准备

案例

2016届毕业生小叶来自云南罗平，直到当年3月他还未落实工作单位。学校的一位老师去参加国家医药管理局的供需见面协调会，顺便将他的应聘材料带去帮他落实单位。刚好罗平有一家制药厂要录用他，专业对口，又是家乡，然而他本人的择业意向却是：单位地点必须在昆明市，至于到昆明的什么单位、具体做什么工作都无关紧要，除此以外，什么单位都不考虑。在这种心态下，结果自然难以如愿。

请问：1. 小叶第一次就业失败，问题出在什么地方呢？

　　　2. 该怎样面对毕业求职呢？

就业是指在法定年龄内的有劳动能力和劳动愿望的人们所从事的为获取报酬或经营收入进行的活动。每一个毕业生都渴望顺利就业,开启自己的人生新篇章。近几年来,我国卫生职业学校的毕业生数量增长迅速,而且医学生的就业专业性强、就业面相对狭窄。那么,面对越来越严峻的就业形势,同学们需要做好哪些准备,从而实现顺利就业呢。

一、做好求职准备

做好求职前的准备工作,是应聘成功的第一步。俗话说"知己知彼,百战不殆"。任何竞争的成功者都是有备而来的,全面客观地认知自我、广泛有效地了解对方及准备好求职所需的各种信息和材料,是增强自信心、更好地把握求职机遇的前提与基础。

(一)求职前的心理准备

1. 就业心态及不良就业心态的主要表现　招聘会上往往存在这样的现象,一方面是学生没有找到工作岗位而等待观望,另一方面是不少单位无人问津或招不够计划名额。问这些同学:那么多单位,为什么没有找到岗位? 他们回答:不合适或说那些不是我想去的单位。可见,职业院校毕业生不是绝对供大于求,有些学生不能顺利就业与其自身心态有很大关系。

就业心态主要是指求职者对待就业的态度以及对工作区域、单位、待遇、岗位等因素的理想和期望。理性的就业心态具有积极平稳、合理现实的特点。所谓积极平稳就是积极地准备就业,保持心态平稳,不盲目悲观和乐观;所谓合理现实就是就业选择符合社会现实需要和自身特点。

在校学生由于缺乏社会经验,对行业发展和岗位要求缺乏全面的了解和认知,对自己的认识和评价也不完全正确,往往存在种种不良就业心态,主要表现在:

(1)依赖被动,"等靠要":不主动积极地为择业做准备,不敢或不愿意面对激烈的择业竞争,没有就业市场意识,不主动了解市场行情和职业岗位信息、拓展就业途径和领域,不积极推销自己,而是将希望寄托在学校、家长和亲朋好友的身上。择业是学生走向社会的开端,踏上人生征途的初始。不通过自身的努力去找工作,就失去了一个深入了解社会的机会。

(2)消极回避,不着急:有一些同学认为现在找个好单位不容易,再努力也没有多大作用,不如顺其自然、听天由命。有一些同学根本就没有就业的愿望和意识,对毕业后意味着什么不清楚,非常茫然,也不知所措。这些同学在"等靠要"不能解决问题后,更不知道如何应对。

(3)畏难畏苦,图享乐:很多同学看重单位区域、规模、环境和福利待遇,都想到大城市或福利待遇好、工作稳定轻松的单位,即使找不到工作,也不愿到基层、农村,到艰苦地方和行业就业。

(4)盲目攀比,求对口:看别人找到知名度高、效益好的单位,或进入大城市,或进入三甲医院,心理失衡,总希望自己也能找到相当的工作。或一定与自己专业相一致的工作,否则就以为大材小用、不务正业。这种这山望着那山高的盲目攀比专业对口的心理,不仅延误时机,也会失去很好的基层锻炼机会,甚至失去人生成功的机遇。

(5)烦躁焦虑,多自卑:中职生怎么和大学生争,样样都拼不过别人。缺乏自信心,缺乏勇气,不敢竞争,甚至悲观失望,精神不振。其实每个人都有自己的优势与不足,如果总是盯着自己的不足之处,不能正确客观地看到自己的长处,自信心是很难建立起来的。在择业过程中,自信心是成功的重要方面。如果自己都没有信心,别人还怎么信任你呢?

2. 认清就业形势,转变就业观念,培养积极良好的就业心态　2016年10月25日,中共中央、国务院颁发《"健康中国2030"规划纲要》,目的就是统筹解决关系人民健康的重大和长远问题,以提高人民健康水平,推进健康中国建设。这一规划的出台也必定提高整个社会对医疗卫生服务的重视;2020年年初爆发至今的新冠疫情,严重危害人民的生命健康,也深刻反映出我国医护人员短缺问题,急需扩大和加强医疗队伍的建设;随着我国老龄化的到来和亚健康状态的普遍存在,人们对医疗卫生服务的重视度提高和需求度扩大;我国医疗卫生服务重心逐步向社区和农村基层下移,社区卫生服务和农村合作医疗制度的逐步完善,都为中等卫生职业学校的学生提供了广阔的就业空间。因此说,不管是现在还是将来,社会对卫生职业人才的需求是巨大的。但另一方面,中等卫生职业学校学生就业趋势发生了明显变化:从被动就业到主动创业的转变;从国有医院就业到民营医院、私立医院就业的转变;从大城市与发达地区医院就业向小城镇与不发达地区的社区医疗转变等,这表明中等卫生职业学校学生就业求职日益严峻。因此同学们求职前首先要端正自己的心态,认清医药卫生行业的现状和发展前景,树立正确的就业观,选择适合自己从事的医学具体职业。同学们应从以下几个方面调整和培养良好的就业心态:

(1)培养就业意识,积极准备就业:要树立接受职业教育就是为了更好地就业的思想,要有投身社会生活、参与社会建设、在社会实践中实现自身价值的强烈愿望,对就业"不回避""不逃避",不要有"是家长要我就业""是学校要我就业""合心合意的就做,不合心意的拉倒"的想法,更不能有"由父母解决""由学校负责"的态度,要把就业当作是自己的事情、必须面对和完成的事情,切忌无所谓和"等靠要"的思想。在校期间,有意识地把自己的专业与以后的就业联系起来,建立合理的知识结构,掌握扎实的专业理论知识,培养自己的实践操作能力、组织管理能力,全面提升自身综合素质,为就业做好条件储备,要尝试利用各种有效手段和方法去实现就业。

(2)善于应变,日后再图发展:树立"先就业,后择业,再创业"的观念。尽早就业,获取经验,即便一时找不到理想的工作,也不能空等。要不断了解就业形势、就业政策和职业信息,看清未来方向,适应社会,从长计议,从容应对。上岗后继续学习,再图发展。

(3)脚踏实地,调整期望值:初次就业,期望值不能太高,非大城市不去、非公立医院不去、一步到位的就业观念必须改变。比如到西部、基层医疗单位就业,如县级医院、乡镇医院、社区医疗服务机构,或者医疗相关行业,如健康讲师、产品专员、咨询服务、器械营销等。从基层做起,职业发展同样前途无限。

(4)扬长避短,克服自卑:每个人都会有某些方面的缺陷和不足,但不要过于在意和扩大自己的不足和缺陷,同学们应当正确分析和评价自己的优势和长处,并在在校期间积极发展自己的优势和长处,扬长避短,一定能成为有用之才。另外,用人单位并不是只想用"最优秀的人",而更想用"最合适的人",特别是中专层次的人才,"能用"才是最重要的,因此每个人都会有自己的位置。同学们要准确自我定位,选择在医学大背景下与自身特点、价值观、人生观和个性相符的职业,从而实现个人与职业的最佳匹配,就一定会有一个美好的前景。

(二)求职前的材料准备

求职材料是反映求职者总体情况和综合素质的材料,也是求职过程中的必备材料。准备求职材料的目的是为了让用人单位对自己感兴趣,给予自己面试的机会,并最终录用。它是求职的第一块敲门砖。

1. 推荐表　毕业生推荐表一般是学校就业指导部门发给毕业生的,直接反映学生在学校期间学习、工作及表现等各方面情况的书面材料,也是学校通过正规途径向用人单位推荐毕业生的书面材料。学校推荐表可加大求职材料的可信度和自荐力度,因为用人单位认为学校推荐表具有权威性和较高的信任度。

2. 求职信(表5-1)　求职信也称自荐信,是求职者向用人单位描述自身情况的载体。求职信分为书面材料和电子文档,前者用于现场求职而直接交给用人单位;后者用于网上招聘,通过网络发给招聘单位。求职信无论在形式上还是在内容上都必须给阅读者留下好的印象。

(1)求职信格式:标题、称呼、正文、结尾、落款。

(2)求职信的内容:简单的自我介绍,说明信息来源和期望自己能在该单位供职的态度,详述自己对该单位热衷的原因,以及能胜任本岗位工作的能力,介绍自己的潜力,写明自己对工作的态度和热情。

表5-1　求职信

求职信
尊敬的领导:
您好! 非常感激您能在百忙中惠览此信,谢谢您能给一名积极进取的年轻人一个展示本人的机会,相信一定不会让您失望。 　　我2014年7月毕业于××市卫生学校普通中专——药物制剂专业,大专在读。经过三年系统学习,已修完学业。我的学识来自三个地方:一是校园、二是医院、三是社会。从事医学事业,解除广大患者痛苦是我的梦想。专业特长使我明确了择业目标,做一名医务工作者,今特向您毛遂自荐。

十几年的寒窗苦读，铸就了我的学识自信。在校的三年期间，我各方面严格要求自己，深知学识就是未来。作为21世纪的学生，我没有满足于校内理论知识学习，还经常走向社会理论联系实践，从亲身实践中提高本人的能力。我相信我本人能够顺应当今社会竞争激烈的工作环境。特别是实习于××市人民医院，在带教老师的辛勤传帮带下，使自己所学的专业知识得到进一步巩固和提高。对各科临床用药提供安全保障，让我从生命里爱上了这一崇高职业。三年的刻苦学习和锻炼，我不断学到了专业知识并提高了综合素质。更重要的是我学会了怎样做人，培养了我求真务实的个人品质。我殷切希望在您领导下，能为这一光荣事业奉献我一份真情，我将刻苦钻研，不断接受新事物，学习新知识，脚踏实地对待每一件工作。

在此，请求您给予我一个机会，就职于贵院从事药学工作。若能聘用，我绝不辜负您的厚望。再次感谢您的惠览，期待佳音！祝贵院事业蒸蒸日上！

此致

敬礼！

自荐人：陈××

2017年3月25日

（3）求职信的写作技巧：态度诚恳，摆正位置；富有个性，言之有物；言简意赅，字迹工整。

（4）撰写求职信的误区：字迹潦草，错误百出；措辞不当，招人反感；我字当头，旁若无人；篇幅太短，敷衍了事；篇幅太长，主题不明。

如果你的硬笔书法很好，可以直接书写求职信，这不仅给人别具一格的印象，也能很好的展示你的能力。同时，求职信针对不同应聘单位和岗位书写，做多手准备，也会增加你求职的机会和命中率。

3. 简历　简历是概括介绍毕业生个人基本情况的，并对毕业生的学习情况、技能、教育程度和求职意向等作一个简单的总结，它表明求职者的经历和客观情况。写好简历的难处是要用有限的文字和数字全面地展示个人的综合素质。

（1）简历的基本要求：标题、个人信息、求职意向、教育经历、实践经历、获奖情况、所修课程及研究成果、兴趣爱好与特长。

（2）制作简历的方法和技巧：美观醒目、亮点突出、力求精确、针对性强、最后测试。

（3）制作简历五忌：冗长累赘、过于简单、条理不清、缺乏美感、弄虚作假。

（4）个人简历：见表5-2。

表 5-2　个人简历

姓　名	王××	性　别	女	照片
出生年月	1993 年 1 月	政治面貌	共青团员	
专业	医学检验技术	学历	中专	
毕业院校	××卫生学校	健康状况		良好
联系电话	××	民族		汉族
E-mail	××			
求职意向	免疫检验			
个人简历	2015 年至 2016 年　　　　就读于××职业学院　自考大专 2012 年 9 月至 2015 年 6 月　就读于××卫生学校　中专 2009 年 9 月至 2012 年 6 月　就读于××第一中学　高中 2006 年 9 月至 2009 年 6 月　就读于××第二中学　初中 2000 年 9 月至 2006 年 6 月　就读于××小学　小学			
主修课程	《生理学》《病理学》《临床检验学基础》《临床生物化学检验》 《临床微生物学检验》《临床免疫学检验》《临床寄生虫学检验》 《临床血液学检验》			
实践经验	2014 年 9 月至 2015 年 6 月在××医院实习 实习科室：生化、免疫、临床、体液、细菌、血库			
获得证书	《检验岗位培训证书》《普通话证书》《计算机二级证书》			
个性	活泼开朗、热情、有恒心、吃苦耐劳，表达力强，具有团队协作精神			

4. 相关附件　证书是一个人所具有的知识、技能、能力等的证明材料，往往成为很多用人单位的求职门槛。这些证书的获得，可以拓宽求职者的就业领域。相关附件包括毕业证、荣誉证书、任职证书、资格证书等。

最后，按照"封面→自荐书→个人简历→主要课程及成绩表→复印件"的顺序装订成册，装订要整齐美观。

知识拓展

学生在校期间可以考取的资格证书

普通话二级证书、国家计算机二级证书、公共营养师证书、会计证书、全国英语等级证书(PETS-1、PETS-2、PETS-3)、全国医护英语水平证书(METS-1、METS-2、METS-3)等。

二、创业分析与准备

就业是民生之本，创业是就业之源。创业是创业者对自己拥有的资源或通过努力能够拥有的资源进行优化整合,从而创造出更大经济或社会价值的过程。创业是就业的积极方式,是参与经济社会发展的重要途径。创业不仅能解决创业者的生存发展问题,而且还能创造就业机会,带动他人实现就业。创业已然成为时代潮流,在实现自己梦想的同时,也为实现伟大复兴的中国梦作出了自己的贡献。

(一)医学生创业的意义

1. 有利于成就梦想　孔子说:"邦有道,贫且贱焉,耻也;邦无道,富且贵焉,耻也。"今天的中国正在中国共产党的领导下努力实现中华民族伟大复兴的梦想,时代为学子们创造了更多展示自己成就梦想的机会。

2. 创业有利于自我价值的实现　当今的社会正处于一个不断变革的时代,在这种变革过程中,我们更加注重突出人的价值,体现人的发展,显示人的才能。只有这样,变革的目的与人的发展才趋于一致。通过自主创业,可以把自己的兴趣与职业紧密结合,做自己最感兴趣、最愿意做和自己认为最值得做的事情。可以在五彩缤纷的社会舞台中大显身手,最大限度地发挥自己的才干,实现自我价值和社会价值。

3. 创业使个人才能得到全面的展示　创业对创业者各方面的素质要求很高,不可能人人都创业成功。同样是成功,每个人取得的成就大小也不一样。"古之立大事者,不惟有超世之才,亦必有坚忍不拔之志。"只有那些有着非凡综合素质的人,才能够取得辉煌的成功。创业需要调动创业者全部的能量,是对一个人才能的全面展示。

同时,创业鼓励竞争以达到对资源的合理配置,鼓励创新以提高民族创新能力,创业创造了更多的就业机会从而缓解我国就业压力,对促进我国经济发展、构建和谐社会都有着积极意义。

(二)创业者应具备的素质

知识拓展

创业,是一个发现和捕捉机会,并创造出新颖的产品、提升服务,实现其潜在价值的过程。创业能否成功,与创业者的素质关系极大。创业者需具备哪些特点和素质呢?

根据我国的创业环境及众多成功案例,创业者至少应具有如下能力:①创新能力;②分析能力;③决策能力;④应变能力;⑤用人能力;⑥组织协调能力;⑦社交能力;⑧激励能力。

创业者的素质是指创业者自身所具备的基本条件和内在要素的总和。医学生本身所学课程专业性强,有关企业管理、市场营销、计算机软件操作、财务管理、法律等商业方面的知识严重匮乏。而当今社会,要想成功创业,只有专业技能是远远不够的。所以要提高创业成功的可能性,不能单凭个人喜好和一时的冲劲,必须从心理上、条件上做充分的准备,也就是要具备一定的心理素质和个性方面的特征,即所谓的"创业品质"。

1. 独立自主的心理素质 自主抉择,即在选择人生道路、创业目标时,有自己的见解和主张;自主行为,即在行动上很少受他人影响和支配,能按自己的主张将决策贯彻到底;行为独立,即能够开拓创新,不因循守旧、步人后尘。生意场上,眼光起了决定性作用。如今每个行业、每个领域都有人做,激烈的市场竞争宣告"暴利时代"已经结束,取而代之的是"微利时代",因此创业机会必须靠创业者自己发掘。

2. 善于交流、合作的心理素质 创业需要与客户、公众媒体、企业内部员工打交道,需要通过语言、文字等各种形式,与周围的人进行有效的交流与沟通。创业需要通过合作排除障碍、化解矛盾、增加信任、降低工作难度,合作有助于事业的成功。

3. 敢于承担风险、勇于拼搏的心理素质 在市场经济大潮中,机会与风险并存。只要从事创业活动,就必然有风险伴随,事业的范围和规模越大,取得成就越大,伴随的风险越大,需要承受的心理负担越重。

以前是瞄准、准备、开火,在网络时代,瞄准了就要开火,没有时间准备。在创业界,往往是风险与机会并存。必须敢于冒险,即使没有十足的把握,也应果断地尝试。

4. 克服盲目冲动的心理素质 在创业过程中,创业者要善于克制、防止冲动,积极有效地控制和调节自己的情绪,使自己的活动始终在正确的轨道上进行,不会因一时的冲动而导致缺乏理智的行为。

5. 坚持不懈、不屈不挠、顽强努力的心理素质 创业者需要百折不挠、坚持不懈的毅力和意志。能够根据市场的需要和变化,确定正确而且令人奋进的目标,并带领员工摆脱逆境实现目标。创业者必须有一颗持之以恒的进取心。

"一只狮子领着一群羊,胜过一只羊领着一群狮子。"这一古老的西方谚语说明了创业者精神领袖的重要性。企业成功离不开团队力量,但更多层面上取决于领导者本人。

6. 善于进行自我调节、适应性强的心理素质 面对市场的复杂变化和激烈竞争,创业者能否灵活地调整自我,适应变化,成为创业成功的关键所在。创业者应具有较强的适应性,要有周全的考虑,善于总结经验和吸取教训,能够面对现实及时做出适当的调整,为将来积蓄力量。

(三) 创业者应具备的技能

创业的道路充满曲折和艰辛,但是掌握一些重要的技能则可以帮助创业者减少不必要的探索和失败。

1. 专业技能 创业者要具备所创办企业中主要岗位的从业能力,接受和理解与所办企业经营方向有关新技术的能力,把环保、能源、质量、安全、经济、劳动等知识和法律、法规运用于本行业实际的能力。

2. 创业市场调查 市场调查主要是寻找市场可能的商机,为自己进入该商业领域提供定性定量的依据。也就是考察分析你提供的产品或服务有没有市场:你投资的产品或服务是什么,有什么特色,其生命周期是处在哪个阶段,主要客户是谁,市场层次及未来前景等。经过调查,不仅能对市场有所了解,而且还能了解到自己的竞争对手的状况。

3. 了解行业趋势　国家会通过各种手段对经济进行宏观调控,其中行业政策就是重要的手段,国家主要是采取放开、限制或禁止、鼓励等政策来引导和影响各行各业的发展。因此,了解行业政策也是市场调研的内容之一。

4. 风险评估能力　风险评估就是要找出对经营管理不利的因素并进行必要的预估。可围绕着产品供应商、市场稳定性、经营或生产成本变化、竞争对手、政策影响、财务风险、管理风险等进行分析。分析这些因素可能对创业产生的影响、影响的程度,以利于找出化解这些风险的可能方案。

5. 制定创业计划书　写一份创业计划书虽然耗时费力,但它是提高创业行动计划性、目的性和有效性必不可少的步骤,也是提高创业成功率的重要条件。创业计划书包括公司的创业机会,阐述创立公司、把握这一机会的进程,说明所需要的资源,揭示风险和预期回报,并提出行动建议。因此,它是对创业者创业可行性的一次全面考验。

(1) 种类:企业名称、组织形态、项目、主要产品。

(2) 市场调查和分析:顾客范围、市场容量及趋势、竞争形势。

(3) 企业战略:营销计划、规划和开发计划、生产计划。

(4) 财务评估:融资、收支预估、实现赢利的时间。

(5) 阶段目标:短期、中期、长期目标,及目标实现的可能性和各时间段努力的方向。

(6) 风险因素的分析及应对:业务的主要风险包括管理问题、市场状况、技术状况和财务状况等,对风险的防范。

(7) 管理团队:领导层成员、创业顾问、投资人、持股人情况。

三、确定创业生涯发展目标和成功标准

你要创业,但创业是为了什么呢? "为了什么"这就是你的创业目标。每个创业者的心里都有自己渴求的愿望,都有自己的奋斗目标。有什么样的目标就会有什么样的动力。就像古人讲的"取法乎上,仅得其中;取法乎中,仅得其下"也就是说一个人的成就高低与其目标梦想成正比,你能取得多大的成就,首先取决于你的梦想目标有多大。

但是,一个人创业的目标不纯正,那么就可能走上歧路,也不可能走得很远。正确的目标应该和正确的人生观、世界观和价值观结合在一起,要同社会道德紧密结合,要和家庭幸福结合在一起,要阳光而充满活力,要不仅仅关注小我,还要造福他人和社会。

(一)正确的创业目标包括四个层次

1. 满足个人的自我成长要求,实现自我价值　创业是一个人实现自我价值的途径之一,让自己不断成长,获得新的人生体验,这是最基本的。

2. 创业的成功应惠及他人　由于自己的创业,不断努力的成就,能够让他人过上幸福的生活,让他人享受生命的快乐,这些是创业的真谛。创业能去不断帮助朋友,帮助自己身边的人,这才是真正开心的事。

3. 惠及社会和大众　一个创业成功者,应该把社会责任当作自己的责任,当自己有能力的时候,去帮助那些需要帮助的人,通过自己的奋斗,惠及更多的人。

4. 能造福国家、民族和人类　为国家的发展,民族的发展,世界的和谐发展作出自己的贡献。一个创业者的目标的层次定得越高,他的成就会越大,事业会越持久。

一个人只想自己,一心只想自己去享受生活,这样的人,只能成就一般的事业。只有志向远大,把自己的事业追求和社会、与他人的幸福结合在一起,才能创造伟业。

(二)创业目标设定时遵循的四大原则

1. 目标实现的时间要具体　我们经常听人说,我将来要成为亿万富翁,到底是哪一天,2100 年?"将来"是一个模糊的概念,是作为目标最忌讳的词语,一定要使用比如"2020 年 6 月"这样具体的时间。

2. 目标描述的数字要具体　有同学说:"十年后我想有很多钱,想买两辆车,买一栋大房子,想让父母过上好日子,想去周游世界……"这样的目标过于模糊,都没有说清楚,不够量化,无法操作。而一旦目标模糊,无法操作,内心缺乏概念,就很难调动百分之百的积极性去做,目标就只是一座海市蜃楼。

3. 目标制定要慎重、认真,一定要自己相信　打算成为华人首富,如果这是未来的目标,格调太大;如果这是短期的目标,这样的目标很空,你自己相信吗?远景目标格局要大,但近期目标要基于现实、并加上自己的梦想,让自己觉得真实可信。制定好自己相信能完成的目标后,需要不断地去强化记忆,经常温习。

4. 阶段性修正你的目标　对于你所设定的目标,并非是一成不变的。每半年或者一年应该重新修正你的目标,建立目标是成功的第一步。一般来说,创业目标应该是综合的,包括财富、事业、家庭、人际关系、健康、学习与成长、社会贡献与责任等方面。

(三)正确看待创业的所得与所失

医疗行业有着不同于其他行业的专业特点,如执业资质的限制、生命与健康的严肃性,设备、资金的投入大,专业技术要求高等,选择医疗创业的学生需要面对更多的困难。因此对医学生创业者在创业之初选择项目时有三点建议,以减少创业失败的概率:

1. 选择与医疗行业相关项目　比如关注身体健康方面,自己又具有丰富资源和独特优势的项目,进行初次创业,累积了商业经验后,可以继续选择自己想进入的行业进行二次创业。

2. 选择自己喜欢和擅长的行业　尽量选择自己喜欢和擅长的行业,在创业中一定要找到快乐,如果没有成就感,创业是很难成功的。

3. 抛开专业选择其他领域项目　优先考虑选择一个利润较高、有未来成长空间的行业,经过不断地坚持和积累,可以成就事业。

每个人都渴望创业成功,但失败、遭遇困难和挫折也是创业的常态。创业成功的过程中会遇到的很多烦恼和困难:拿自己的积蓄去冒险;不分昼夜地长时间工作;无法度假,生病也不能休息;失去稳定的工资收入;为发员工工资和债务担忧,甚至拿不到自己的那份工资；不得不做自己不喜欢的事，如清洁、归档、采购等；无暇与家人和朋友待在一起。

上述这些如果你把它们看作烦恼，那么你就会很焦虑。其实，创业者走上创业道路以后，真正面临的困难是自我突破：能否战胜自己，开拓格局，不断学习，改变习惯这些都是一个创业者始终要面对的。

因此，一个成功的创业者，如何去看待挫折和失败，如何理解喜欢和不喜欢，如何理解自己所做事业的价值，这些才是最关键的。

创业中遭遇的失败可能是一个创业者最宝贵的财富，失败是成功的起点，从失败中我们可以获得经验和汲取教训。做自己不喜欢的事情是对自己心性的磨砺，一个人经过这种磨砺，会更加成熟，会学到更多本领，人生的境界会更高，这些恰恰都是收获。

第二节　求职程序与技巧

一、了解求职程序

不同的单位会有不同的招聘方法，全面了解求职目标单位的应聘方法，是成功就业非常重要的一步。

（一）了解需要递交的材料

材料是招聘单位对应聘学生本人及在校情况的基本了解，学生应该认真准备。一般包括：毕业证书（应届学生可持学校的推荐表）、技能证书（专业技术资格或等级证书、其他辅助技能如计算机、普通话、外语等等级证书）

（二）了解招聘的选拔程序与方法

任何单位招聘员工特别是技术操作工种的员工都会有一定的考核程序与方法，但单位或岗位要求不同，程序和方法也会不一样。一般情况下，招聘考核程序与方法有：面试、笔试、操作技能考核、体检等。

（三）了解面试的安排

面试一般是招聘的必经程序和主要方法，即招聘人员（面试考官）当面与求职者通过一定问题的交流、问答，考核求职者素质、能力及品质的方式。在参加面试前要向招聘单位了解清楚面试的要求、面试的时间与地点等。如果可能还可以了解哪些部门的什么人员作为考官参加面试，以便增加面试前准备的针对性。

二、掌握面试技巧

面试是求职者必然面对的一关。所以，能不能顺利闯关，取得面试的成功，就需要掌握一定的面试技巧和面试礼仪。

（一）自我推销技巧

找到一种推销自己的方法或技巧是求职成功的重要条件。毕业生求职主要有两种途径：一是直接上门，即直接到用人单位有关部门，面见有关领导和人员；二是参加招聘会。不管是哪种途径都面临着推销自己、让别人注意并接受自己的问题。要达到这个目的，应注意以下几个方面的技巧：

1. 给人良好的第一印象　仪表整洁、文雅礼貌、大方自信永远是给人良好印象的关键因素，因此，一定要注意整理自己的穿着仪表，调整好自己的精神状态，每敲开一扇门都要以足够的信心和勇气去面对每一次挑战。

2. 适时递上求职材料　不要一进门或一见人就把材料往上递，应先把求职材料事先拿在手上，进门或见人后先礼貌地与人打招呼，说明来意，如果他们对你感兴趣并关注后，再把材料递过去。

3. 进行准确、有效的介绍　与用人单位的负责人进行简短谈话是给自己增加成功率的大好机会。要在最短的时间内让他们了解自己的优势，适合这份工作，并且对这份工作很感兴趣。

4. 要善于随机应变　在见面时，要善于观察和把握接见人员的心理状态与反应。如果接见人员忙于手头上的工作，就要及时退出。如果他们表现出兴趣，那你就要抓紧进行自我推销。

（二）面试技巧

面试是求职者展示自我才能和魅力的过程，也许成败就在这短短的时间内。就如同一场演出，台上一分钟，台下十年功，只要准备充分就能取得成功。面试技巧包括面试前准备技巧、礼仪礼貌技巧、语言运用技巧、手势运用技巧、回答问题技巧。

1. 面试前准备技巧

（1）对面试进行设计和预演：预设面试官可能会问的问题，想好回答的思路，预想面试过程可能会遇到的问题并找出应对措施，然后找个熟人排练，并根据你的表现指出问题、建议，以提高自己面试的技能水平。

（2）事前准备好必要的物品：备好一个精致的文件夹，在文件夹内放应聘单位的信息材料、个人简历、求职信及对该单位的研究和分析材料，空白公文薄、钢笔以及其他你认为可能有用的物品。最好不要两手空空进入面试场，这样可以使你走进面试室时从容自然，还可以解决不时之需。

（3）努力使自己与众不同：如提前一天给应聘的单位打电话，再次确定面试安排；提前到达面试地点，如果可能，帮助接待人员做一些辅助工作，取得接待人员的好感等等。当然使自己与众不同应该是自然而然地使自己进入一种角色或状态，是良好品质与习惯的自然流露和表现。

（4）关注周围多捕捉有用信息：进入面试单位要环顾周围，寻找能反映该单位个性和企业文化的事物，如艺术品、企业宗旨或墙上的规章制度、宣传板报等，这会使你见到有关人员时"有话可说",有时这类信息常常有助于打开面试最初的僵局。

2. 礼仪礼貌技巧

(1) 穿着技巧:着装要整洁、大方、得体、庄重,在搭配和色彩上最好能体现你的个性特点,要突出你的长处,弥补你的短处,充分体现自己良好的精神面貌和审美情趣。如果能与应聘单位的文化保持一致,这样既表示对企业的尊重,又体现你的亲和力。

(2) 礼貌技巧:进门时如门关着,应先敲门,得到允许后再进门。开关门动作要轻,以从容、自然为好。见面时要向招聘者主动打招呼问好致意,称呼应当得体。交谈中多使用"您好""谢谢""请您关照""再见"等礼貌用语,注重细节。离去时应询问"还有什么要问的吗?"得到允许后应微笑起立,道谢并说"再见",出去时顺手关门。

(3) 举止和态度技巧:如果主考官有两位以上时,回答问题时,目光与提问者交流,并应适时地环顾其他主考官以表示你对他们的尊重。谈话时,眼睛要适时地注意对方,不要东张西望,显得漫不经心,也不要眼皮下垂,显得缺乏自信。激动地与主考官争辩某个问题也是不明智的举动。应冷静地保持大方得体、不卑不亢的风度。

3. 语言运用的技巧　面试场上你的语言表达艺术反映着你的成熟程度和综合素养。对求职应试者来说,掌握语言表达技巧无疑是重要的。那么,面试中怎样恰当地运用谈话的技巧呢?

(1) 口齿清晰,语言流利,文雅大方。

回答主考官的问题,口齿要清晰,答话要简练、完整,尽量不要用简称、方言、土语和口头语,以免对方难以听懂。还要注意语速、修辞,忌用口头禅,更不能有不文明的语言。

(2) 语气平和,语调恰当,音量适中。

面试时要注意语调、语气的正确运用。语气是指说话的口气;语调是指语音的高低。打招呼问候时应用上语调,加重语气并带拖音,以引起对方的注意。自我介绍时,最好多用陈述语气,不宜使用感叹语气或祈使句。声音过大令人厌烦,声音过小则难以听清。音量的大小以每个主考官都能听清你的讲话为原则。

(3) 语言要含蓄、机智、幽默。

说话时除了表达清晰以外,适当的时候可以插进幽默的语言,使双方谈话增加轻松愉快的气氛,也会展示自己的优雅气质和从容风度。尤其是当遇到难以回答的问题时,机智幽默的语言会显示自己的聪明智慧,有助于化险为夷,并给人以良好的印象。

(4) 根据听者的反应善于应变。

求职面试不同于演讲,而是更接近于一般交谈。交谈中,应随时注意听者的反应,比如:听者心不在焉,可能表示他对自己这段话没有兴趣,你得设法转移话题;侧耳倾听,可能说明由于自己音量过小,使对方难以听清;皱眉、摆头可能表示自己言语有不当之处。根据对方的这些反应,就要适时地调整自己的语言、语调、语气、音量、修辞,包括陈述内容。这样,才能取得良好的面试效果。

4. 手势运用的技巧　在日常生活交往中,人们都在自觉不自觉地运用手势肢体语言帮助自觉表达意愿。我们也可以在面试中正确地运用手势,以获得满意结果。

(1) 表示关注的手势:在与他人交谈时,一定要对对方的谈话表示关注,要表示出你在聚精会神地听。对方在感到自己的谈话被人关注和理解后,才能愉快专心地听取你的谈话,并对你产生好感。面试时尤其如此。一般表示关注的手势是把双手交叉,身体前倾。

(2) 表示开放的手势:这种手势表示愿意与听者接近并建立联系。它使人感到你的热情与自信,并让人觉得你对所谈问题已是胸有成竹。这种手势的做法是手心向上,两手向前伸出,手要与腹部等高。

(3) 表示有把握的手势:如果你想表现出对所述主题的把握,可先将一只手伸向前,掌心向下,然后从左向右做一个大的环绕动作,就好像用手"覆盖"着所要表达的主题。

(4) 表示强调的手势:如果想吸引听者的注意力或强调很重要的一点,可把食指和大拇指捏在一起,并随讲话的语气和节奏挥动,以示强调。

恰当的手势会使你面试的陈述成为一次成功的自我展示,也能体现你的自信与从容。但要达到预期目的,还应注意因时、因地、因人灵活运用,否则就会变成手舞足蹈,故意做作,这样会适得其反。

5. 回答问题的技巧　回答问题是整个面试的关键,如何才能使自己的面试回答取得圆满成功,可以注意以下几个方面技巧:

(1) 把握重点、简洁明了、条理清楚、有理有据。

一般情况下回答问题要结论在先,议论在后,先将自己的中心意思表达清晰,然后再做叙述和论证。否则,长篇大论,会让人不得要领。面试时间有限,神经有些紧张,多余的话太多,容易走题,反倒会将主题冲淡或漏掉。

(2) 讲清原委,避免抽象。

主考官提问总是想了解一些应试者的具体情况,切不可仅以"是""否"作答。针对所提问题的不同,有的需要解释原因,有的需要说明程度。不讲原委、过于抽象的回答,往往不会给主考官留下具体的印象。

(3) 确认提问内容,切忌答非所问。

面试中,如果对主考官提出的问题一时摸不到边际,以致不知从何回答起或难以理解对方问题的含义时,可将问题复述一遍,并先谈自己对这一问题的理解,请教对方以确认内容。对不太明确的问题,一定要搞清楚。这样,才会有的放矢,不致答非所问。

(4) 有个人见解,有鲜明特色。

主考官每年要接待应试者若干名,相同的问题要问若干遍,类似的回答也要听若干遍。因此,主考官会有乏味、枯燥之感。只有独到的个人见解和个人特色的回答,才会引起对方的兴趣和注意。

(5) 知之为知之,不知为不知。

面试遇到自己不知、不懂、不会的问题时,回避闪烁、默不作声、牵强附会、不懂装懂的做法均不足取,诚恳坦率地承认自己的不足之处,反倒会赢得主考官的信任和好感。

6. 消除过度紧张的技巧　面试时紧张总是难免的,如何消除过度的紧张情绪,可以尝试以下技巧:

(1) 面试前做一些能让自己轻松的事情:可以翻阅轻松活泼、有趣的杂志、书籍,可默默地哼唱自己喜欢的歌,这样可以转移注意力,调整情绪,克服怯场心理,避免等待时紧张、焦虑的情绪。需要注意的是,在做这些事时,一定要强迫自己把注意力集中到所做的事情上,努力排除周围环境的干扰。

(2) 面试过程注意控制谈话节奏:进入面试现场致礼落座后,若感到紧张先不要急于讲话,而应集中精力听完提问,再从容应对。一般来说人们精神紧张的时候讲话速度会不知觉地加快,讲话速度过快既不利于对方听清讲话内容,又会给人一种慌张的感觉。讲话速度过快往往容易出错,甚至张口结舌,进而强化自己的紧张情绪,导致思维混乱。当然,讲话速度过慢,缺乏激情,气氛沉闷,也会使人生厌。为了避免这一点,一般开始谈话时可以有意识地放慢讲话速度,等自己进入状态后再适当增加语气和语速。这样,既可以稳定自己的紧张情绪,又可以扭转面试的沉闷气氛。

(3) 回答问题时,目光注视提问者的额头:有的人在回答问题时眼睛不知道往哪儿看。经验证明,魂不守舍、目光不定的人,使人感到不诚实;眼睛下垂的人,给人一种缺乏自信的印象;两眼直盯着提问者,会被误解为向他挑战,给人以桀骜不驯的感觉。如果面试时把目光集中在对方的额头上,既可以给人以诚恳、自信的印象,也可以鼓起自己的勇气、消除自己的紧张情绪。

(4) 正确对待和处理面试中的失误:面试交谈中难免会出现失误,此时,切不可因一时的失误而丧气和慌乱,这样会陷入一种"越乱越错,越错越乱"的恶性循环。出现失误时,要给自己积极的心理暗示,一时失误不等于面试的失败,我要战胜自己,绝不轻易放弃机会。求职成功与否,归根结底还是取决于一个人的综合素质,技巧只能帮助同学们更好地展示自己的实力,技巧的成功运用是建立在自己的信心和实力基础之上的,技巧必须在平时进行训练与积累,"临时抱佛脚"的"投机取巧"绝对不是技巧。

 职场加油站

面 试 七 忌

缺乏自信、急问待遇、不合逻辑、报有熟人、本末倒置、不当反问、拿腔拿调。

三、医学生择业就业的权益保障

毕业生就业权益体现在其与用人单位进行双向选择、签订就业协议、签订劳动合同等各个环节。在市场经济体制逐步完善的今天,学习与掌握相关法律法规,提高维权意识,利用法律武器和正当手段维护个人权益,是每个学生必须具备的素质。

(一)毕业生就业权利

1. 接受就业指导权 各学校应安排专门人员对毕业生进行就业指导,包括向毕业生宣传国家关于毕业生就业的有关方针、政策;对毕业生进行求职技巧的指导等。

2. 自主择业权 目前就业方针、政策是"双向选择,自主择业"。毕业生可以自主地选择用人单位,学校、其他单位和个人均不得干涉。任何将个人意志强加给毕业生,强令毕业生到某单位的行为是侵犯毕业生选择权的行为。

3. 平等就业权 我国《劳动法》规定"劳动者享有平等就业和选择职业的权利""劳动者就业不因民族、种族、性别、宗教信仰不同而受歧视"。用人单位在录用毕业生的过程中,也应公正、公平,一视同仁。但在当前,用人单位录用毕业生还不同程度存在不公平、不公正的现象。公平受录用权是毕业生最为迫切需要得到维护的权益。

4. 知情权 在双向选择过程中,毕业生有权向用人单位了解具体的使用意图、工作环境、薪酬待遇、发展前景等情况,从而做出符合自身条件的选择;用人单位有义务向毕业生和学校如实介绍本单位的真实情况,并提供相应的资料。就业信息是毕业生择业成功的前提和关键,只有在充分占有信息的基础上,才能结合自身情况选择适合自身发展的用人单位。

5. 被推荐权 历年工作经验证明,学校的推荐往往在很大程度上影响到用人单位对毕业生的取舍。毕业生享有被推荐权包含这样几方面内容:

(1) 如实推荐:即学校在对毕业生进行推荐时,应实事求是,根据毕业生本人的实际情况向用人单位进行介绍、推荐。不能故意贬低或随意捧高对毕业生在校表现的评价。

(2) 公正推荐:学校对毕业生进行推荐应做到公平、公正,应给每一位毕业生以就业推荐的机会,不能厚此薄彼。公正推荐是学校的基本责任,也是毕业生享有的最基本的权益。

(3) 择优推荐:学校根据毕业生的在校表现,在公正、公开的基础上,还应择优推荐,用人单位录用毕业生也应坚持择优标准。真正体现优生优用、人尽其才。这样才能调动广大毕业生和在校生学习的积极性。毕业生在就业过程中只能凭自身综合素质的提高来取胜。

6. 违约及求偿权 毕业生、用人单位签订协议后,任何一方不得擅自毁约。如用人单位无故要求解约,毕业生有权要求对方严格履行就业协议,否则用人单位应对毕业生承担违约责任,支付违约金,毕业生有权利要求用人单位进行补偿。

7. 毕业生有在择业期(两年)内将其档案、户口在校保留两年的权利 毕业生如在毕业当年未能找到工作,或只是找到非正规就业单位,其有权在毕业后两年内将档案、户口在校保留。期满学校无义务为其保存。

8. 其他权利　毕业生有国家和省规定的与就业有关的其他权利。

（二）毕业生就业工作过程中应履行的义务

1. 认真学习、正确理解并执行国家就业方针、政策,根据需要为国家服务。

2. 接受学校毕业教育和就业指导。

3. 服从学校就业工作的安排和管理、完成学校布置的与就业工作有关的任务或事项。

4. 如实向用人单位反映情况。

5. 遵守择业道德和学校就业工作纪律。

6. 履行就业协议。

7. 及时如实向学校通报就业工作落实情况。

8. 按时办理离校手续,文明离校。

（三）毕业生就业权益保护

1. 了解现行就业政策和法律法规并自觉接受其制约　毕业生应了解国家和本人所处省、市关于毕业生就业的相关政策、法律、法规,以及它们之间的关系,例如用人制度、接收程序、户籍制度等。如果在就业过程中用人单位的单方面规定与国家法律、政策、法规相抵触,侵犯了自己的合法权益,要勇于并善于依法维护自身合法权益。同时,毕业生也应自觉遵守有关法律、法规,接受其制约。

 知识拓展

在国家层面上,与毕业生就业联系较为密切的法律法规主要有:

《中华人民共和国劳动法》《中华人民共和国劳动争议调解仲裁法》《违反和解除劳动合同的经济补偿办法》《违反〈劳动法〉有关劳动合同规定的补偿办法》《职工带薪休假条例》《女员工劳动保护条例》《职业保障条例》《社会保险法》。

2. 运用法律手段维护自身的合法权益　毕业生如一旦在实际就业中合法权益受到侵犯,应该积极运用法律武器,通过申请调解、仲裁、诉讼等合法途径,维护自己的合法权益。

对于用人单位一般的违规行为或争议不大的问题,毕业生可与用人单位自行协商,达成新的协议,或者有过错的一方改正错误,消除争议。如果是学校就业部门介绍的企业,毕业生可将情况向学校反映,并要求学校出面进行协商。

发生争议后,毕业生可以向本地区的劳动争议调解委员会提出申请,请求调解。调解申请,应当自权益被害之日起 30 日内提出。

如对调解不满意,毕业生可以申请劳动仲裁。劳动者申请劳动争议仲裁,应自劳动争议发生之日起60日内向劳动仲裁委员会提出书面申请。劳动争议仲裁委员会受理的劳动争议范围包括：因企业开除、除名、辞退职工和职工辞职、自动离职发生的争议；因执行国家有关工资、保险、福利、培训、劳动保护规定发生的争议；因履行劳动合同发生的争议；因法律、法规规定的其他劳动争议等。

劳动争议当事人如对仲裁裁决不服的，可在收到仲裁裁决书之日起15日内向人民法院起诉。但必须注意的是，未经劳动争议仲裁委员会仲裁的劳动争议案件，法院不予受理。

《劳动法》规定："县级以上各级人民政府劳动行政部门依法对用人单位遵守劳动法律法规的情况进行监督检查，对违反劳动法律法规的行为有权制止，并责令改正。"还规定"任何组织和个人对于违反劳动法律、法规的行为有权检举和控告。"据此，劳动者发现自己的劳动权益受到侵害时，应及时向单位所在县区的劳动保障监察部门举报。

毕业生在劳动权益受到侵害时，还可以通过信访的方式，向各级工会、妇联以及政府信访部门反映。毕业生在实际就业中遇到劳动保障方面的问题，还可以及时拨打全国统一的劳动保障公益服务专用电话——12333，咨询劳动保障的政策，获取有关信息，更好地维护自己的合法权益。

 职场加油站

《劳动法》第九章73条规定"劳动者在下列情况下，依法享有社会保险待遇：①退休；②患病、负伤；③因工伤或患职业病；④失业；⑤生育"。主要包括养老保险、失业保险、医疗保险、工伤保险和生育保险等项目。其中养老保险、失业保险、医疗保险必须按照国家有关法规由单位和个人按比例共同缴纳保费，工伤保险和生育保险则完全由用人单位缴纳，个人不需要再缴纳。这就是我们通常所说的"五险一金"中的五险。"一金"则指的是住房公积金，由单位和职工个人共同缴存，实行专户储存，归职工个人所有。

3. 权益要保护、维权需适度　当前的就业环境下，求职者容易处于弱势地位。随着全社会维权意识的普遍提高，劳动者对自身权益的认识和保护意识普遍增强，遇到用人单位不公平不合法的现象，进行维权理所应当，也很必要。与此同时，一些求职者或劳动者对于自身权益采取过激措施导致维权过度现象也在日益增多。

劳动关系是人们在从事劳动过程中发生的社会关系。劳动关系的正常履行离不开人与人之间的和谐相处和不断协调。

在实践中，很多劳动者争议其实起源于双方协商不够或人际关系处理不当。在这种情况下，劳动者如果反应过于激烈，动辄就认为受到了不公正的待遇，采取仲裁、诉讼的方式来维权,却是欠妥当的。往往可能是耗费了大量的时间、精力、金钱,却达不到期望的结果。

所以,劳动者在维权时,一定要调整好自己的期望,根据法律规定提出合理的主张。及时与对方沟通,消除不必要的误会,降低维权的成本。

(四) 认真对待劳动合同

1. 劳动合同　劳动合同是劳动者与用人单位确立劳动关系,明确双方的权利和义务的法律文书,受劳动合同法的约束和调整。若因劳动合同发生纠纷,任何一方均可向当地的劳动争议仲裁委员申请仲裁,当事人对仲裁裁决不服的,可以向人民法院提请诉讼,请求自己的合法权益。

2. 签订劳动合同的注意事项　首先,查清用人资格,防止无效合同。毕业生签订劳动合同前,应尽量对用人单位的单位名称、规模、法人甚至企业文化、发展趋势、员工管理等情况进行全面了解,一定要与具备用工主体资格的单位直接签订劳动合同。注意劳动合同的用人单位与毕业生就业协议书的用人单位是否一致,以确保自己的合法权益。注意合同落款处,用人单位的盖章是否为该单位的公章,是否是单位法人代表的亲笔签字,如果是其授权委托人的签字,是否有授权委托书。

其次,细读合同条款,剔除不利因素。《劳动合同法》规定,劳动合同应当具备单位名称、住所和法定代表人、劳动者姓名、住址和居民身份证号码、合同期限、工作内容和地点、工作时间和休息休假、劳动报酬、社会保险、劳动保护、劳动条件和职业危害防护等内容。

四、提高毕业生就业侵权的防范意识

毕业生就业侵权是指毕业生在就业过程中,用人单位因为各种不合理或不合法的理由,对毕业生进行区别性、排斥性对待,导致毕业生的合法权益受到侵害,并因此造成毕业生无法实现就业并获取报酬,依照法律规定应当承担民事责任的行为。在当前激烈的就业竞争环境下,医学毕业生就业承受着来自各方面的压力。毕业生往往为了找到工作,忽视了对自身合法权益的保护,有的毕业生甚至根本就不懂如何保护自己的合法权益,导致用人单位侵犯毕业生的合法权益。因此,相比于合法权益受到侵害后再采取措施,不如在这之前就做好充分的防范工作,将可能发生的问题处理在萌芽状态。

(一) 求职中常见的侵权行为

1. 虚假宣传　一些用人单位在招聘时夸大其词或隐瞒实情,恶意欺骗宣传,宣称"高薪""高福利""高岗位"诱惑毕业生从事名不副实的工作。

2. 招聘歧视　性别歧视、健康歧视或身体歧视、户籍歧视、收取担保或财物抵押。

3. 侵犯隐私　求职资料当中的个人信息属于隐私,一些单位或个人未经求职者本人同意就泄露、开售个人信息,这是对毕业生隐私的侵犯。所以,毕业生求职时不要随便把自己的个人资料留给不可靠的单位或个人。对于一些面试时涉及个人隐私的问题可以拒绝回答。

4. 虚假试用　约定试用期是正常的,但是一些企业却通过各种手段、利用毕业生对劳动法规的不了解,将试用期变成了用人单位降低人工成本、使用廉价劳动力的借口。常见的情况有:试用期不签订劳动合同;随意延长试用期或辞退应聘者;试用期不发工资或发很少的工资。

5. 合同陷阱　毕业生面对当前的严峻就业形势,再加上缺乏相关经验与知识,在求职过程中往往力不从心、眼花缭乱,要防止口头合同、霸王合同、双面合同及高额违约金等。

6. 非法中介　一些不法分子冒充合法机构,通过广告宣传招聘,向求职者收取报名费、中介费再将求职者转介给外地中介或以单位招聘为名收取培训费等。

7. 违规收费　用人单位向应聘者收取报名费、押金、保证金等,毕业生迫于对工作的需要就范,而一些企业得寸进尺向求职者提出更过分的要求。毕业生要知道企业各种巧立名目的收费严重违背了国家有关部门的明文规定,应当坚决抵制。

(二) 提高求职防范意识

1. 保持良好的心理状态　毕业生不要因为贪心,被高薪职位宣传诱惑失去正确判断;认真仔细考虑自己是否适合这项工作,多与老师或家人沟通请教。

2. 不缴纳任何费用　凡是招聘活动都有成本,但正规的公司不会把招聘成本转嫁到应聘者身上,更不会通过招聘来牟利或销售商品。因此,凡是在应聘时遇到公司要收费或要求购买公司某项产品等异常行为时,要马上停止应聘。如果是到中介机构求职时,注意留意单位资质。

3. 不随便签字　当招聘方拿出协议或合同要求签字时,一定要仔细阅读内容,斟酌条款是否合理合法,不要随便签字。

4. 多观察、多了解、多咨询　留心应聘单位的办公环境和工作人员的工作状态,以及门卫、前台的素质,以便更多地了解单位的真实情况,以此判断单位是否正规、可靠。与单位人员交流时,要敢于提问。遇到问题多向亲友、老师、家人请教,也可通过网络获取更多信息。

5. 从正确的渠道获取就业信息　毕业生获取就业信息的渠道多种多样,人才网、报纸、新闻、网上搜寻、朋友介绍、招聘会等,都是获取求职信息的有效途径。不管从什么渠道获取的就业信息,都要理性地分析,并查询信息的真实性。同时要注意用人单位面试的地点是办公室、会议室,还是公共场所、酒店。

6. 注意个人隐私的保护　一般来说,应聘者只要留下自己的手机、电子邮箱就足以方便联系了。当对方要求你提供奇怪的证明、身份证复印件、银行账号等信息时,应该马上中止应聘。

就业创业是职校学生求学的主要目的,能否成功就业与毕业生的心态、所做的努力等多种因素相关,匮乏的就业意识和消极的心态妨碍就业。大家要树立正确的就业意识,积极做好求职前的各种准备,同时要勇于自主创业,积极应对创业过程中的各种问题,提升自己的创业能力,提高创业成功率,走好职业生涯的第一步,实现自己的人生价值。无论是就业还是创业,都要有防范和保护自己的意识,预防就业侵权,学会用法律来保护自己的合法权益。

 复习与思考

一、名词解释

1. 就业
2. 就业心态
3. 创业
4. 就业侵权

二、问答题

1. 请根据自己的实际情况,制作一份个性化简历和求职信。
2. 了解医疗卫生行业对医学生的要求,讨论如何能在应聘中脱颖而出?
3. 根据创业者必备的心理素质,对"现在的你"进行自我诊断,再写写改进措施。

创业者应有的特点	自我诊断			改进措施
	强	中	弱	
独立				
合作				
果断				
克制				
坚韧				
适应性				

4. 毕业生如何保护自己的合法权益?

(何 静)

第六章 ｜ 体验活动

06章 数字资源

体验 1　职业生涯规划概述体验活动

1. 请同学们回答什么是职业生涯？专业、职业、职位、工作、职业生涯目标分别是什么？

职业生涯：_____

专业：_____

职业：_____

职位：_____

工作：_____

职业生涯目标：_____

2. 影响个人职业发展的因素有哪些？请分别说明理由。

(1) _____

(2) _____

(3) _____

(4) _____

(5) _____

3. 请你结合职业生涯规划的特点,说说你对职业规划的设想?

_____

_____

_____

_____

_____

4. 护理专业的毕业生小雪，在一家大医院进行护士毕业实习。实习期满，如能让院方满意，就可留下成为正式护士。一天，来了一位生命垂危的伤员，小雪作为实习护士被安排做主刀医生的助手。手术从清晨一直做到黄昏，眼看患者的伤口即将缝合，小雪突然严肃地盯着主刀医生说："我们用的是12块纱布，可你只取出来了11块。""我已经全部取出来了，一切顺利，立即缝合！"主刀医生头也不抬，不屑一顾地回答。"不，不行！"小雪高声抗议道："我记得清清楚楚，手术中我们共用了12块纱布！"主刀医生没有理睬她，命令道："听我的，准备缝合！"小雪毫不示弱，大声叫了起来："您是医生，您不能这样做！"直到这时，主刀医生冷漠的脸上才浮起了一副欣慰的笑容，他举起右手心握着的第12块纱布，向在场的人宣布："这是我最满意的助手！"于是小雪成了这家大医院的正式护士。

小雪的举动绝不仅仅是认真，还体现了她作为一个医务工作者强烈的职业意识，是职业意识使她成为了这家大医院的正式护士。

分小组讨论：职业意识对于一个人的事业成功和对他人、对社会的重要作用？

_____

_____

_____

体验2　职业理想与职业生涯规划体验活动

1. 十年后的我会怎样？

女孩18岁之前，是个不知道自己想要什么的人，每天就在艺校里跟着同学唱唱歌、跳跳舞，偶尔有导演来找她拍戏，她就会很兴奋地去拍，无论角色多么小。直到1993年的一天，教她专业课的赵老师突然找她谈话，她问："你能告诉我，你未来的打算吗？"女孩一下子愣住了。她不明白老师怎么突然问她如此严肃的问题，更不知该怎样回答。

老师又接着问她："现在的生活你满意吗？"她摇摇头。老师笑了："不满意的话说明你还有救。你现在想想，十年以后你会怎样？"

老师的话很轻，但是落在她心里却变得很沉重。她脑海里顿时开始风起云涌。沉默许久后她说："我希望十年以后自己能成为最好的女演员，同时可以发行一张属于自己的音乐专辑。"

老师问她："你确定了吗？"她慢慢咬紧嘴唇："是。"而且拉了很久的音。"好，既然你确定了，我们就把这个目标倒着算回来。十年以后你28岁，那时你是一个最好的演员，同时出了一张专辑。""那么你27岁的时候，除了接拍各种名导演的戏以外，一定还要有一个完整的音乐作品，可以拿给很多很多的唱片公司听，对不对？""25岁的时候，在演艺事业上你要不断进行学习和思考。另外，你还要有很棒的音乐作品开始录制了。""23岁必须接受各种各样的培训和训练，包括音乐上和肢体上的。""20岁的时候开始作曲作词,并在演戏方面要接拍大一点的角色……"

老师的话说得很轻松,但是她却感到一种恐惧。这样计划下来,她应该马上着手为自己的理想做准备了。可是她现在什么都不会,什么都没想过,仍然为小角色沾沾自喜。她觉得一种强大的压力忽然向自己袭来。老师平静地笑着说:"要知道,你是一棵好苗子,但是你对人生缺少规划。如果你确定了目标,希望你从现在就开始做。"

想想十年后的自己——当她意识到这是一个问题的时候,她发现自己整个人都觉醒了。从那时起,她就始终记得十年后自己要做最成功的演员。所以,毕业后,对角色她开始很认真地筛选。渐渐地,她被大家接受了,她慢慢地尝到了成功的欢乐。

2003年4月,恰好是老师和女孩谈话的十周年,她不知道是偶然还是必然,她居然真的拥有了属于自己的第一张专辑——《夏天》。

从1991年到2008年初的17年,女孩已拍摄各类题材的影视剧37部。她已获得过45个影视歌奖项,她的歌曲也深受广大歌迷的喜爱。毫无疑问,所有这些成就的取得,正是女孩牢记老师的教诲、孜孜以求、奋争不止的结果。

人生能有几个十年? 只有及时地拷问自己:"十年后我会怎样?"及早规划,及早行动,并且矢志不移,百折不挠,你就会拥有多彩的人生。是的,时刻想着十年以后的自己,想想十年以后会怎样,你就会离自己的理想和目标越来越近。

结合材料思考下列问题:

(1) 为什么女孩能在这十年取得这些成就?

(2) 你希望十年后的你是什么样子的? 你准备如何实现?

_____

_____

_____

2. 梦想自己编织

方芳是一个品学兼优但身体比较柔弱的中职学生,她的理想是当一名教师。为此,她放弃了银行优厚的待遇和工作环境,到她心仪的一所学校去面试。由于这所学校所需要的是有工作经验的男教师,所以,以她的条件是不符合学校录用条件的,不过方芳并没有放弃,她准备以自己的努力和真诚打动校长。

第一次面试失败后,回到家中她接到学校的电话问她是否愿意到学校应聘办公室的文员,她毫不犹豫地答应了。

方芳在做着办公室文员的同时,没有放弃自己做一名教师的心愿,她一边做文员工作一边听课,认真做笔记,用心写心得体会和对老师的教案做出自己的评价。一段时间后当她再次表明自己想当一名教师的心愿时,校长让她先做一份教学方案,如果合格才能录用她。虽然方案得到了校长的认可,但是还要在学校老师面前试讲通过才合格,试讲过程中老师们指出了她讲课中的不足也充分肯定了她自身的优点。通过锲而不舍的努力,她终于如愿以偿当上了一名教师。

思考:(1)方芳为什么能够如愿以偿当上一名教师?

_____

_____

(2) 对于中职学生来说树立职业理想对职业成功有哪些意义?

_____

_____

_____

_____

3. 畅谈"我心中的理想职业"

要求:在不考虑现实情况和可能遇到的困难的前提下,充分发挥你的想象力和创造性思维,畅谈自己心中的理想职业和对未来职业环境的要求,写下你的想法。结合以下方面思考:

(1) 工作的内容和性质,你的动机和乐于承担的责任。

(2) 教育、培训机会及你希望获得的学历层次、愿意接受的特殊技能。

(3) 技能和能力。

(4) 薪酬、福利待遇。

(5) 对职业环境的要求如管理模式、人际沟通、工作方式等。

(6) 工作要素的要求如行业、类别、规模、地理位置等。

(7) 其他你乐于从事的职业等。

分析:理想职业的利弊?

现实与理想的差距与缩小差距的可行性措施。

_____

_____

_____

_____

4. 练一练演讲

以"我有一个梦想"为主题举行一次班级或年级演讲比赛,主动争取机会讲一讲(没有机会时也可在寝室内的同学前演讲)。

体验 3　职业生涯规划的基本方法体验活动(一)

1. 发现好工作

想一想你认识的人当中,谁的职业是你认为最好的? 为什么? 分组讨论,推选出一种职业进行分享。

思考:

(1) 什么是好工作?

(2) 你们认为好工作的标准是什么?

(3) 你们所看到的工作来源于哪里?

2. 父母选择的专业

小何是药剂专业的二年级学生,今年已经 17 岁了,中考那年听从父母的安排选报了现在的专业。"从小到大,我的很多事情都是父母一手包办的。学习的压力使我无心考虑以后的发展方向,只是拼命地学习,一心想拿高分上重点高中。中考结束后,我感觉整个人都轻松了,在填报志愿时自己也没什么主意,就听凭父母在那里拿着招生简章反复地挑来选去。后来妈妈说读职业学校有前途,选择了药剂专业,我也不清楚到底是学什么的,只觉得和医学有关应该很好,于是就糊里糊涂地进了现在的学校。一段时间后发现,我对医学并没有什么兴趣,上课时觉得无聊,下课后也懒得翻书,到了期末考试临阵磨枪才得以'涉险过关'。我发现自己更感兴趣的是艺术方面的学科,譬如绘画什么的。中职一年后,我曾和爸妈商量转专业,他们听了以后表示很不理解,说:'这个专业别人想进还进不来你倒自己放弃,得不偿失。'由于父母的极力反对,我只得作罢。两年的生活转瞬即逝,我在专业方面仍毫无兴趣,成绩也一般。如今,同学们都已纷纷准备升学考试,可我仍觉得前途一片迷茫。"

思考:

(1) 小何的专业是父母选的,前景很好,可是为什么小何仍然觉得前途一片迷茫?

(2) 如果你是小何,面对自己不感兴趣的专业,你会怎么做?

3. 职业分类

按心理的个别差异进行分类。根据美国著名的职业指导专家霍兰德创立的"人格—职业"类型匹配理论,把人格类型划分为六种,即现实型(R)、研究型(I)、艺术型(A)、社会型(S)、企业型(E)和常规型(C)。对照下表看看你是哪一种人格类型:

现实型(R)

有运动或机械操作的能力,喜欢机械、工具、植物或动物,偏好户外运动。

☐ 喜好户外、机械及体育类的活动、嗜好及职业。

☐ 喜好从事和事物、动物有关的工作,而不喜欢和理念、资料或成人有关的工作。

☐ 往往具有机械和运动员的能力。

☐ 喜欢建筑、塑造重新建构和修理东西。

☐ 喜欢使用设备和机器。

☐ 喜欢看到有形的结果。

☐ 是个有毅力、勤勉的人。

☐ 缺乏创造力和原创性。

☐ 较喜欢用熟悉的方法做事并建立固定模式。

□ 以绝对的观点思考。

□ 不喜欢模棱两可。

□ 较不喜欢处理抽象、理论和哲学的议题。

□ 是个唯物论、传统和保守的人。

□ 没有很好的人际关系和语言沟通技巧。

□ 当焦点汇聚在自己身上时会很不自在。

□ 很难表达自己的情感。

□ 别人认为他很害羞。

研究型（I）

喜欢观察、学习、研究、分析

□ 天生好奇且好问。

□ 必须了解、解释及预测身边发生的事。

□ 具有科学精神。

□ 对于非科学、过度简化或超自然的解释，持悲观、批判的态度。

□ 对于正在做的事能全神贯注、心无旁骛。

□ 独立自主且喜欢单枪匹马做事。

□ 不喜欢管人也不喜欢被管。

□ 以理论和解析的观点看事情且勇于解决抽象、含糊的问题及状况。

□ 具有创造力和原创性。

□ 常难以接受传统的态度和价值观。

□ 逃避那种受到外在规定束缚的高结构化情境。

□ 处事按部就班、精确且有条理。

□ 对于自己的智力很有信心。

□ 在社交场合常觉得困窘。

□ 缺乏领导能力和说服技巧。

□ 在人际关系方面拘谨与形式化。

□ 通常不做情感的表达。

□ 可能让人觉得不太友善。

艺术型（A）

有艺术、直觉、创造的能力，喜欢运用他们的想象力和创造力，在自由的环境中工作。

□ 是个有创造力、善表达、有原则性、天真及有个性的人。

□ 喜欢与众不同并努力做一个卓越出众的人。

□ 喜欢以文字、音乐、媒体和身体（如表演和舞蹈）创造新事物来表达自己的人格。

□ 希望得到众人的目光和赞赏，对于批评很敏感。

□ 在衣着、言行举止上倾向于无拘无束、不循传统。

□ 喜欢在无人监督的情况下工作。

□ 处事较冲动。

□ 非常重视美及审美的品味。

□ 较情绪化且心思复杂。

□ 喜欢抽象的工作及非结构化的情境。

□ 在高度秩序化和系统化的情境中很难表现出色。

□ 寻求别人的接纳和赞美。

□ 觉得亲密的人际关系有压力而避免之。

□ 主要透过艺术间接与别人交流以弥补疏离感。

□ 常自我省思。

社会型（S）

擅长和人相处，喜欢指导、帮助、启发或训练别人。

□ 是个友善、热心、外向、合作的人。

□ 喜欢与人为伍。

□ 能了解及洞察别人的情感和问题。

□ 喜欢扮演帮助别人的角色，如教师、调停者、顾问和咨询者。

□ 善于表达自己并在人群中具有说服力。

□ 喜欢当焦点人物并乐于处在团体的中心位置。

□ 对于生活及人相处都很敏感、理想化和谨慎。

□ 喜欢处理哲学问题，如人生、宗教及道德的本质和目的。

□ 不喜欢从事与机械或资料有关的工作，或是结构严密、反复不变的任务。

□ 和别人相处融洽并能自然地表达情感。

□ 待人处事很圆滑，别人都认为他很仁慈、乐于助人和贴心。

企业型（E）

喜欢和人群互动，自信有说服力、领导力，追求政治和经济上的成就。

□ 外向、自信、有说服力、乐观。

□ 喜欢组织、领导、管理及控制团体活动以达到个人或组织的目标。

□ 胸怀雄心壮志且喜欢肩负责任。

□ 相当重视地位、权力、金钱及物质财产。

□ 喜欢控制局面。

□ 在发起和监督活动时充满活力和热忱。

□ 喜欢影响别人。

□ 爱好冒险、有冲动、行事武断且言语具有说服力。

□ 乐于参与社交圈并喜欢与有名、有影响力的人往来。

□ 喜欢旅行和探险，并常有新奇、昂贵的嗜好。

☐ 自认为很受人欢迎。

☐ 不喜欢需要科学能力的活动以及有系统、理论化的思考。

☐ 避免从事需要注意细节及千篇一律的活动。

常规型（C）

喜欢从事资料工作的人，有文书或数字的能力，能够听从指示，完成细琐的工作。

☐ 是个一板一眼，固执、脚踏实地的人。

☐ 喜欢做抄写、计算等遵行固定程序的活动。

☐ 是个可依赖、有效率且尽责的人。

☐ 希望拥有隶属于团体和组织的安全感且做个好成员。

☐ 具有身份地位的意识，但通常不渴望居于高层领导地位。

☐ 指导自己该做什么事时，会感到很自在。

☐ 倾向于保守和遵循传统。

☐ 遵循别人所期望的标准及他所认同的权威人士的领导。

☐ 喜欢在令人愉快的室内环境工作。

☐ 重视物质享受和财务。

☐ 有自制力并有节制地表达自己的情感。

☐ 避免紧张的人际关系，喜欢随兴的人际关系。

☐ 在熟识的人群中才会自在。

☐ 喜欢有计划地行事，较不喜欢打破惯例。

体验 4 职业生涯规划的基本方法体验活动（二）

刘某该走哪条路？

刘某，为人热情、细心，职业学校毕业后，做了两年的话务员，6 年的幼儿教师和 1 年的幼儿园园长，后又负责文秘、档案、行政、人事、培训管理以及物业项目的投标工作。并成功地获得了某大型企业工业厂区的物业项目。不过刘某想要跳出企业，但不知道该如何给自己定位。

职业发展方向及优劣势分析：

幼儿教育方向：该行业在国内刚刚市场化，为外资、港台及国内的资金关注的热点之一，目前已经有企业化运作方式的幼儿教育产业在运作，能够投身到该领域中，应该是既符合刘某的理想又能够发挥其优势。

人力资源方向：该方向比较适合刘某这样个性特点的人长期从事，但由于企业本身人力资源管理工作的定位和时间的问题以及年龄限制，刘某的机会只会局限在比较初级的职位。

物业管理方向：刘某具有物业管理经验，但由于其只在笔头上的工作比较多，投身该行业弱势比较明显。

发展建议:继续教育、培训建议:刘某比较好学,建议其安排更系统的学习计划,如选择确定了的方向比较一致的研修班,如教育专业、人力资源专业、物业管理,但是一定要与事业发展方向保持一致,完善自己在该方向上的知识结构,提高竞争力。

思考:

1. 结合刘某的事例,你觉得应该如何确定自己的职业发展方向?

2. 根据自己的实际情况填写下表:

个人兴趣	性格	能力	职业价值观	需求层次

填写后想一想,选择职业需要考虑哪些因素?

3. 填写职业生涯规划表:

(1) 自我评估

				对你的评价与期望(家人、老师、朋友眼中的"你")
自我评估	兴趣与爱好			
	性格与个性			
	特质与特长			
	意志力状况			
	职业价值观			
	职业兴趣、倾向、需求			
	个人不足、缺点			
社会评估	对你影响最大的人	称谓	姓名	对你的评价与期望(家人、老师、朋友眼中的"你")
		父亲		
		母亲		
		亲戚		
		老师		
		朋友		
		同学		
职业倾向测评				

(2) 环境与职业分析

家庭环境分析	经济状况	
	教育背景	
	人际关系	
学习环境分析	学校	
	专业	
	班级	
职场环境分析（结合社会实践及社会调查状况）	人才供需状况	
	对人才素质的要求	
	对专业知识具体要求	
	对专业技能具体要求	
	对资格证书的要求	
	岗位说明	
	岗位的工作状况	
	岗位的收入状况	
	职业自我满意度	

(3) 职业生涯规划设计(毕业后十年)

职业目标	近期目标(毕业后2年)	
	中期目标(毕业后5年)	
	长期目标(毕业后10年)	
目标分析	实现目标的优势(个人)	
	实现目标的弱势(个人)	
	实现目标的机会(环境)	
	实现目标的障碍(环境)	

(4) 在校期间职业生涯规划

总的目标规划：

规划内容		达到目标	方法和措施	完成时间
智商方面	专业成绩			
	技能成绩			
	英语能力			
	计算机能力			
	其他能力			
情商方面	人格品质修养			
	身心健康调节			
	沟通交际能力			
	文体活动能力			
	其他能力			

三年分阶段目标:

一年级规划:认识试探期。

规划具体内容	完成时间	效果评价
从自身、他人角度全面认识自己、评估自己		
了解专业和职业,培养专业兴趣,培养职业意识		
明确岗位对专业的要求,制定专业学习、实训计划		
明确英语和计算机能力要求,制定学习计划		
注重综合素质拓展,有计划地参加校内外社会实践		

二年级规划:成型调整期。

规划具体内容	完成时间	效果评价
强化岗位对专业能力的要求,强化专业学习和实训		
为技能考核做充分准备并获得专业技能资格证书		
为英语、计算机应用能力做充分准备并获取相关证书		
积极参加岗位实践或企业兼职,培养职业适应能力		
在社会实践中培养吃苦耐劳,职业责任感,提高抗挫折能力		

三年级规划:走向实践期。

规划具体内容	完成时间	效果评价
重点关注就业信息和职场机会,确定初次就业目标		
收集整理就业信息,做好就业前心理准备		
准备个人求职材料,提高求职面试能力		
积极参加招聘,努力竞争并获得顶岗实习岗位		

规划具体内容	完成时间	效果评价
职业实践,积累经验,开启职业生涯		
职业实践中检验自己的综合能力, 适时调整发展目标		

(5) 职业生涯评估、反馈和调整

对在校三年职业生涯规划和实施进行评估、反馈和调整。也可利用同样的方法来指导毕业后职业短期、中期和长期目标规划实践、评估反馈和调整。

体验5 职业生涯发展与创业就业体验活动

1. 面试技巧

求职前做好充分准备:

(1) 通过多种渠道收集、了解就业信息,以求"知己知彼,百战不殆";接着准备材料、求职信及个人简历,求职信要求简洁明了,一般不要超过一页纸。

(2) 尽量保持心态平和,避免紧张、心浮气躁,努力展现自信的微笑,注重仪表形象,要给人端庄、大方的印象。面试过程中要诚恳、谦恭,不卑不亢。具体如下:

应聘时,要先敲门,关门后鞠躬、问好,然后走到位置前,待主考官讲"请坐"后道谢坐下。环视主考官,微笑。

介绍个人基本情况:姓名、年龄、受教育程度、特长、工作经历等,切忌博取同情心、谈论个人感受等。

回答问题时勿以"我"为中心,过于"自我",观点不同时,语气要平和,可发表不同观点,但切忌争论,语言表达要简明、扼要,避免重复、唠叨、脱离主题。

最好不要单刀直入地询问关于薪资的问题。可委婉地说,如:"请问,贵公司的薪金制度与其他公司有何不同呢?"当主考官询问你的薪金要求时,可模糊回答。

面试结束,要首先感谢主考官及公司给自己机会,把椅子放回原处,关门前鞠躬,再次表示感谢,随手关门。

应聘后可写信致谢(有提醒对方的作用),一般在应聘后 2~3 天发出。内容包括:致谢、应聘的时间和经过、对工作的信心、期待机会等。简短地表明自己的兴趣及对工作的信心。

2. 模拟面试比赛

(1) 在班级中组织一次模拟面试比赛,比赛中练习 1 分钟自我介绍和交谈讨论的技巧。

(2) 面试中应注意的面试礼仪有哪些?

(3) 除了常规的一对一面试,教师结合实际介绍其他类型的面试并对比赛进行点评。

(陈春花)

附　　录

教学大纲（参考）

一、课　程　性　质

职业生涯规划是中等卫生职业教育各专业一门重要的公共基础必修课程。本课程以马克思列宁主义、毛泽东思想、邓小平理论、"三个代表"重要思想、科学发展观、习近平新时代中国特色社会主义思想为指导，深入贯彻习近平总书记系列重要讲话精神，全面贯彻党的教育方针，紧密联系实现"两个一百年"奋斗目标和中国梦的实际，对学生进行职业生涯教育和职业理想教育。本课程的主要任务是引导学生树立正确的职业观念和职业理想，学会根据社会需要和自身特点进行职业生涯规划，并以此规范和调整自己的行为，培养职业精神，为顺利就业、创业创造条件。

二、课　程　目　标

通过本课程的学习，学生能够达到下列要求：

（一）职业素养目标

1. 具有良好的职业道德，能自觉遵守法律法规和企事业单位规章制度。

2. 具有良好的人文精神、职业道德和医学伦理观念，尊重患者，保护患者隐私。

3. 具有良好的法律意识，自觉遵守有关医疗卫生法律法规，依法行医。

4. 具有良好的服务意识，能将预防和治疗疾病、促进健康、维护大众的健康利益作为自己的职业责任。

5. 具有终身学习理念和不断创新精神。

（二）专业知识和技能目标

1. 具备职业意识、职业理想、职业精神及职业生涯规划等相关知识。

2. 具有根据社会需要和自身特点进行职业生涯规划的能力。

3. 具有根据职业生涯发展调整职业生涯规划和进行就业创业准备的能力。

三、学 时 安 排

教学内容	学时		
	理论	实践	合计
一、职业生涯规划概述	4	1	5
二、职业理想与职业生涯规划	6	1	7
三、职业能力与职业生涯规划	6	1	7
四、职业生涯规划的基本方法	6	2	8
五、职业生涯发展与创业就业	6	1	7
机动		2	2
合计	28	8	36

四、主要教学内容和要求

单元	教学内容	教学目标		教学活动参考	参考学时	
		知识目标	技能目标		理论	实践
一、职业生涯规划概述	（一）职业与职业意识 1. 职业与卫生职业 2. 职业意识 （二）职业生涯规划概述 1. 职业生涯规划 2. 职业生涯规划初探 3. 职业生涯规划的意义	掌握职业、职业意识和职业生涯规划的含义；熟悉职业资格与卫生职业准入制度；了解职业生涯规划的意义		理论讲授 案例教学 讨论教学 情境教学 启发教学	2 2	
	实训：职业生涯规划概述体验活动		能初步树立职业意识；会结合实际思考自己的职业生涯规划	案例分析 技能实践		1
二、职业理想与职业生涯规划	（一）职业理想与职业道德修养 1. 职业理想 2. 职业道德规范与职业道德修养 3. 职业理想与现实的关系 （二）中职学生职业生涯规划要面向未来 1. 职业生涯规划与职业理想的实现 2. 培育职业精神	掌握职业理想、职业道德与职业道德修养和人生观的概念、职业理想的作用；熟悉医务人员职业道德规范的内容；职业理想与现实的关系；职业精神的内容。了解职业生涯规划与实现职业理想的关系；培育职业精神		理论讲授 角色扮演 情境教学 案例教学 讨论教学 PBL教学	2 1 2 1	

单元	教学内容	教学目标		教学活动参考	参考学时	
		知识目标	技能目标		理论	实践
二、职业理想与职业生涯规划	实训：职业理想与职业生涯规划体验活动		能理解职业理想、职业道德修养、职业精神对职业的重要意义	案例分析技能实践		1
三、职业能力与职业生涯规划	（一）能力与职业能力 1. 能力概述 2. 职业能力 3. 职业能力的基本要求 （二）提高职业能力的方法 1. 在学校、职业实践、生活实践中提高能力 2. 提高沟通能力 3. 加强团队精神的培养 4. 提高管理时间的能力 （三）中职学生个人职业能力与职业的选择 1. 不同职业对人的职业能力要求不同 2. 个人职业能力与职业的选择	掌握能力、职业能力的概念；熟悉职业能力的种类；了解职业能力的多种要求，努力提升职业能力		理论讲授 案例教学 情境教学 讨论教学 启发教学 PBL教学	2 2 2	
	实训：职业能力与职业生涯规划体验活动		会培养职业能力的方法	案例分析技能实践		1
四、职业生涯规划的基本方法	（一）确立职业生涯目标 1. 自我评估 2. 职业环境评估 3. 职业目标定位 4. 确立职业生涯路线 5. 确立职业生涯目标遵循的原则 （二）制定计划与实施行动 1. 分解职业生涯目标 2. 制定职业生涯计划 3. 实施行动策略 4. 职业生涯评估与调整	掌握自我评估、环境评估、职业目标定位的概念；熟悉确定职业生涯规划路线分析的方法 了解确立职业生涯目标遵循的原则、职业生涯规划的步骤、实施职业生涯规划的行动策略、职业生涯评估与调整的内容		理论讲授 案例教学 情境教学 讨论教学 启发教学 PBL教学	2 2 2	

单元	教学内容	教学目标		教学活动参考	参考学时	
		知识目标	技能目标		理论	实践
四、职业生涯规划的基本方法	实训：职业生涯规划的基本方法体验活动（一）		能根据实际情况初步进行个人职业生涯规划	案例分析技能实践		1
	实训：职业生涯规划的基本方法体验活动（二）					1
五、职业生涯发展与创业就业	（一）中职学生创业就业准备 1. 做好求职准备 2. 创业分析与准备 3. 确定创业生涯发展目标和成功标准 （二）求职程序与技巧 1. 了解求职程序 2. 掌握面试技巧 3. 医学生择业就业的权益保障 4. 提高毕业生就业侵权的防范意识	掌握求职材料的制作方法、面试的基本程序和技巧；熟悉创业者应具备的素质和技能、维护自身合法权益的途径；了解就业、创业的含义、求职过程中常见的侵权行为，增强学生自我保护意识		理论讲授角色扮演情境教学讨论教学演示教学启发教学PBL教学	2 2 2	
	实训：职业生涯发展与创业就业体验活动		能进行一般的求职、面试；会做好创业就业前的准备	案例分析技能实践		1

五、说 明

（一）教学安排

本课程标准主要供中等卫生职业教育各专业教学使用，第一学期开设，总学时为36学时，其中理论教学28学时，实践教学6学时、机动2学时。学分为2学分。

（二）教学要求

1. 本课程对知识部分教学目标分为掌握、熟悉、了解三个层次。掌握：指对基本知识、基本理论有较深刻的认识，并能综合、灵活地运用所学的知识解决实际问题。熟悉：指能够领会概念、原理的基本含义，解释现象。了解：指对基本知识、基本理论能有一定的认识，能够记忆所学的知识要点。

2. 本课程重点突出以岗位胜任力为导向的教学理念，在技能目标分为能和会两个层次。能：指能独立、规范地解决实践技能问题，完成实践技能操作。会：指在教师的指导下能初步实施实践技能操作。

（三）教学建议

1. 本课程依据中职各专业岗位的工作任务、职业能力要求，强化理论实践一体化，突出"做中学、学中做"的职业教育特色，根据培养目标、教学内容和学生的学习特点以及执业资格考试要求，提倡项目教学、案例教学、任务教学、角色扮演、情境教学等方法，利用校内外实训基地，将学生的自主学习、合作学习和教师引导教学等教学组织形式有机结合。

2. 教学过程中，可通过测验、观察记录、技能考核和理论考试等多种形式对学生的职业素养、专业知识和技能进行综合考评。应体现评价主体的多元化，评价过程的多元化，评价方式的多元化。评价内容不仅关注学生对知识的理解和技能的掌握，更要关注知识在实践中运用与解决实际问题的能力水平，重视职业素质的形成。

参 考 文 献

［1］谈玲华. 职业道德与职业生涯规划［M］. 北京：人民卫生出版社，2008.

［2］蒋乃平. 职业生涯规划［M］. 北京：高等教育出版社，2013.

［3］汪颜. 第一份工作，请干足 5 年［M］. 北京：中国宇航出版社，2014.

［4］王玮，汪洋. 明天的工作在哪里［M］. 北京：北京时代华文书局，2014.

［5］张乐敏，吴玮，宋立珍. 大学生职业生涯规划与管理［M］. 上海：复旦大学出版社，2009.

［6］盛振文. 大学生就业指导［M］. 北京：北京理工大学出版社，2009.

［7］孙睿，侯存敏. 大学生职业生涯规划与就业指导［M］. 北京：中国时代经济出版社，2013.

［8］张程山，李敏. 职业道德与职业生涯规划［M］. 北京：科学出版社，2012.

［9］本书编写组. 思想道德修养与法律基础［M］. 北京：高等教育出版社，2015.

［10］张敏强. 大学生职业规划与就业指导［M］. 广州：广东高等教育出版社，2005.

［11］吕春明. 职业生涯发展与规划［M］. 南京：江苏科学技术出版社，2013.

［12］周文霞. 职业生涯管理［M］. 上海：复旦大学出版社，2006.

［13］温俊轶. 职业道德与职业生涯规划［M］. 北京：人民卫生出版社，2008.

［14］杨河清. 职业生涯规划［M］. 北京：中国劳动社会保障出版社，2005.

［15］杨文秀，宋志斌. 职业生涯规划和就业指导［M］. 北京：人民卫生出版社，2014.

［16］袁其谦. 大学生就业指导［M］. 北京：北京理工大学出版社，2011.

［17］蒋乃平. 社会能力训练教程［M］. 北京：高等教育出版社，2001.

［18］雍怡敏，杨清成，贺彪. 医学生学业规划与就业指导［M］. 北京：高等教育出版社，2014.